Journalism & Communication

Introduction to
Media Industry in China
(2nd Edition)

中国传媒产业概论
（第二版）

谢金文 著

上海交通大学出版社
SHANGHAI JIAO TONG UNIVERSITY PRESS

内容简介

　　本书系统地介绍和探讨中国传媒产业的基本理论、运作实践和发展问题,包括传媒产品、机构、集团、市场、消费、效益以及数字化和全球化的影响等。本书可以给传媒从业者、管理和研究者提供理论支持和实践参考,也可作为高校教材或教学参考书。

图书在版编目(CIP)数据

中国传媒产业概论/ 谢金文著. —2版. —上海:
上海交通大学出版社,2019
ISBN 978－7－313－22545－0

Ⅰ.①中… Ⅱ.①谢… Ⅲ.①传播媒介－产业发展－
研究－中国 Ⅳ.①G219.2

中国版本图书馆 CIP 数据核字(2019)第 297441 号

中国传媒产业概论(第二版)
ZHONGGUO CHUANMEI CHANYE GAILUN (DI－ERBAN)

著　　　者:谢金文
出版发行:上海交通大学出版社　　　　　　　　　地　　址:上海市番禺路 951 号
邮政编码:200030　　　　　　　　　　　　　　　电　　话:021－64071208
印　　制:江苏凤凰数码印务有限公司　　　　　　经　　销:全国新华书店
开　　本:710 mm×1000 mm　1/16　　　　　　印　　张:12.75
字　　数:198 千字
版　　次:2007 年 7 月第 1 版　2019 年 12 月第 2 版　　印　　次:2019 年 12 月第 2 次印刷
书　　号:ISBN 978－7－313－22545－0
定　　价:68.00 元

再版前言
Preface

改革开放大大解放了中国传媒的生产力，其中产业
化发展的重要作用值得认真总结。现在我们仍要改革传
媒体制，发展传媒市场，改进传媒经营管理，提高传媒
的经济效益和社会效益，要面对数字化、全球化的机遇
和挑战，做大做强，积极应对国际竞争，要对传媒产业
问题予以充分的关注和研究。

传媒业与其他行业的不同主要在于其产品有很强的
社会工具性，可产生很大的影响力，因此要把社会效益
放在首位。因其经济效益与社会效益有很高的相关性，
也会被各种社会力量利用、制约和扭曲。经济和社会效
益因素使传媒业在其产业发展和经营管理上，呈现出与
其他行业不同的特点。

此外，传媒产品的创制成本较高，而复制成本相对
来说很低，因此边际效益很大；随着数字技术的新发
展，网络、手机等新媒体的崛起，给整个传媒产业和各
个传媒机构都带来很大的影响。这些状况也使传媒业在

其产业发展和经营管理上，有诸多特点和要求。比如报纸、广播电视等新闻媒介产品，大多是免费或半免费提供，以广告为主要收入来源；又如数字技术不断打破不同媒体之间的界线，带来新的整合。

正因此，使我们有必要把传媒业作为专门的对象进行认识和研究。也只有充分结合这些特点，具体情况具体分析，才能形成独立的传媒经济和管理理论，而不仅仅是照搬一般经济和管理理论。

在计划经济体制时期，中国的传媒机构只有事业性，新闻出版、广播电视等教育和研究也只关注与事业活动相关的问题。这方面的传统观念至今仍然存在，模糊意识很多。而新问题随着传播数字化、全球化的发展层出不穷，使得传媒业的改革和发展既艰难，又迫切，这更加剧了这方面的认识和研究的必要性。

本书第一版在 2007 年应运而生。此后国内又出现了不少传媒经济、管理、发展战略等论著，填补了诸多空白。然而许多论著基本上仅把传媒业作为一般行业，简单套用经济学和管理学的理论，对传媒业的特殊性关注不够；或简单借用西方论著，对中国情况关注不够，有些观点或对策虽符合一般商业原理，却不符合社会效益第一的原则，甚至在西方也是不提倡的。即使从盈利的角度看，也可能由于忽略了社会效益对经济效益的影响，因小失大。

最近 10 年，传播技术的新发展，传媒移动化、智能化，给传媒业带来了巨大变化。一方面，微博、微信、智能手机、平板电脑、客户端、公众号、大数据、云计算、机器生成和推送内容等风起云涌；另一方面，报纸销量锐减，广播电视受众也大量向新媒体转移，一些大牌新闻机构也不得不向商业性机构"借船出海"。传媒业的产品、机构、市场、客户，内部结构、竞争格局、外部关系、发展条件都已发生翻天覆地的变化，需要我们更加牢固地掌握基本原理，更加深入地认识纷乱复杂的现象，做到与时俱进。

本书的第一版是基于笔者攻读博士学位 12 年来，对传媒产品、市场、产业、集团等问题所做的系统研究，结合笔者主持的上海市哲学社会科学规划课题、上海交通大学人文社科基金课题的成果，以及在国外对传媒国际竞争的研究而写就的。

　　本书第一版于 2007 年出版以来过去了 12 年，其间中国传媒业发生了巨大变化，笔者在从事教学和研究的过程中，也不断有新的心得和成果，还有高校教师催问有无新版本，于是有了这第二版。增补资料收集、图表制作、核对校订等均由我的助教陈玉珑帮助完成。

　　希望本书第二版对相关理论、实践的修订和增补能对研究和教学有所裨益。

谢金文

2019 年 8 月

目 录
Contents

导　言
科学地把握中国传媒产业

　　传播媒介对个人、组织和社会都会产生很大的作用。过去我们无视或否定传媒的商品性，更没有认识到传媒的产业属性。在体制上只强调事业性，管理上实行机关化，而排斥媒介市场和消费者的积极作用，无视传媒经济规律。结果不仅限制了传媒业的发展，也阻碍了媒介质量的提高。

　　至今，我们的传媒仍存在观念落后、体制陈旧，机构不完善、市场不健全，效益不够大、国际竞争力不够强等问题。正是由于问题还很多，所以我们一再要求新闻传媒贴近实际、贴近生活、贴近群众，提高吸引力、传播力、影响力、公信力。

　　总之，中国传媒业面临社会发展新需求、传播技术新条件、市场经济新环境、国际竞争新压力等新情况，产业化改革和发展的要求也更加迫切。

一、产业化发展与企业化转制

　　1978 年改革开放以来，中国传媒业逐步实行企业化管理，市场化运作，构建产业组织的高级形态——传媒集团，这些都是产业化发展的重大进程。整个传媒业的环境、机构和行为应尽可能地符合产业发展的规律。

　　2003 年 6 月起，中国宣传文化系统试行新的改革，其中在体制上的主要突破，是把事业型传媒与经营型传媒分开，前者深化原有的改革，搞活内部机制，进一步跟市场接轨，后者将传媒机构转制为企业，在市场竞争中发展壮大。

　　突破性改革总会遇到一些思想观念问题和实际利益问题。与新闻出版业的治散治滥一样，企业化转制也会触动一些靠行政保护、吃"大锅饭"者的利益，其中有不少矛盾要处理。

在受众的传媒素养还不是很高、社会的传媒市场管理经验还不是很足、措施还不是很全的情况下，有些传媒企业会片面追求经济效益，忽视社会责任。转制以后，市场、受众的影响力会进一步扩大，受众的传媒素养的作用将更为关键，法规、行业组织和社会舆论的调控也将更加重要。

经营型传媒的转制，会带来媒介吸引力的提高，这又将使事业型传媒的吸引力、影响力面临更大的挑战。

这些都需要通过对产业化发展的全面把握，予以综合考量，未雨绸缪。

二、体制突破与党管媒体

不少人认为，产业化发展只是提高经济效益，而目前传媒业的经济状况不错，只需不断做些改进，若进行大的改革，会影响到社会效益，甚至会影响到党管媒体的根基。

然而从实际情况来看，改革开放以来传媒业的企业化管理、市场化运作、产业化发展，不仅带来了规模总量和经济效益的增加，还促进了传媒界思想观念的变化、受众意识的增强，传播内容和方式的丰富多样，技术水平的提高，媒介的繁荣，吸引力的增强，社会效益的扩大。

经济上，中国的传媒业确实已有相当的发展速度和规模，然而发展的空间仍然很大。而且，中国现有的传媒效益，很大程度上还与行政保护、垄断地位有关。而全球化、市场化、高科技的发展，中国与世界的日益接轨，网络媒体、卫星电视的越境传播，都将使这种保护和垄断逐渐失效。

如果组织或操作一个新体制的成本小于其潜在收益，就可以发生体制创新。中国传媒业过去的改革，基本上只是在原有体制框架内进行，在运行层面进行改良、改善、优化。[①] 到现在，原有体制的潜力已经挖掘得比

---

① 喻国明教授归纳为：传媒业微观业务层面的改革远远超前于宏观体制方面的改革，边缘咨询领域的改革远远超过主流咨询领域的改革，增量传媒的改革远远超前于存量传媒的改革——其实都是由制度资源的不开放造成的。见喻国明：《牢牢抓住传媒发展改革的机会点》，《新闻与传播》2006年7月号主编寄语。

较充分了，再要有大的跃升、非常规的发展，就需要通过体制的突破来达到。现在进行的企业化转制和政事、政企分开，就属于这种突破，将带来其他方面一系列的变化。

这样的改革会不会改变党管媒体的基本思路？从党管媒体的方法、实现形式上看，必然会有所改变。这种改变是与党的执政方式的改革、完善、与时俱进一致的。

我们的党管媒体，不是要管住，更不是要管死，而是要管出更大、更好的社会效益和经济效益。

现在党的主要任务是建设好物质文明、精神文明和政治文明，实现政治、经济、文化、社会的全面、和谐、可持续发展，满足人民高质量的物质、精神、文化等需求。

传媒的任务也应有相应的转变和扩大。既要宣传好马克思主义理论及其新发展，包括党的路线方针政策，社会主义事业的新成就，以及新的先进人物、思想、道德、风尚等，又要充分发展传媒事业和产业，全面发挥其积极作用，防止其消极影响和"不作为"，全面服务好物质文明、精神文明和政治文明建设，满足人民的物质需要、精神文化需要和社会全面发展进步的需要，从根本上保障制度的先进性，保障党的执政基础巩固、执政效率提高。

在方法上，仍要遵循宣传规律，与此同时，还要科学地认识传媒与整个社会体系的关系，比以往更注重传媒的信息作用、交流作用、文化作用、舆论监督作用，注重新闻规律、创作规律、传播规律、经济规律、传媒发展规律。

三、尊重传媒的特定规律

一般企业是以利润最大化为目标，所有战略、策略都是在此基础上或者说围绕这个目标确定的。西方许多新闻机构也是作为一般企业来经营的。然而传媒的经济效益会在很大程度上受到社会效益的影响，中国的传媒机构更是要以社会效益为主、经济效益为辅，仅把传媒机构作为一般企业来看待，就会产生不科学的认识和错误的措施，就会使媒介服务出现不良倾斜。一方面忽视社会的弱势人群、低收入人群，不仅因为这些人群的媒介购买力较低，而且因为他们对其他商品和服务的购买力也较低，广告主对这些人群的兴趣不大；另一方面过分追逐高收入的或有决策能力的人群，因为广告商对这部分人群更感兴趣，针对他们的传媒也就能获得更多的广告收入，达到利润的最大化，[①] 如此便有失于履行传媒的社会责任。

许多对社会和公众较为有益的内容，并不一定能带来数量很多又购买力较强的受众，如反映和探讨社会深层问题的，服务于农村地区、少数民族、贫困人群的内容。按照有些传媒"从广告向内容'倒推'设计"——即什么内容最能带来广告就做什么内容，看广告商的脸色行事，为配合广告经营而炒作新闻，也有违社会对新闻传媒的期待。这样以营利为导向经营传媒，在西方也是不提倡的。

传媒对社会和个人都有很大影响，许多功能还是无可替代的。大众传媒又是社会的有限资源，受众的时间、精力和注意力也都很有限。因此大众传媒必须充分发挥积极有益的作用，防止消极有害的影响，也要充分履行社会责任，包括及时传递信息，实现人民的知晓权，满足社会的信息需求；反映各种意见，实现人民的表达权，满足民主政治的需要；实施舆论监督，实现人民的监督权，健全制约权力的社会机制；通过宣传教育，集散文化，促进社会和谐与科学、持续地发展。不仅是国有、公有的传媒要如此，商业性的传媒也要如此。

即使是从商业经营的角度，也要注意通过社会效益的提高来实现经济效益的提高，仅采用一般企业的方法是不行的。随着受众的日益成熟，内容服从和服务于广告收入等做法在商业上也会日益失败。

著名报刊活动家邹韬奋主持的《生活周刊》，发行量从几千份跃升至 15 万，达到当时的全国之最，后来办的《大众生活》和《全民抗战》，发行量又分别达到了 20 万和 30 万，纪录一破再破。从经营的角度看，他办的报刊有两个重要特点：

一是内容质量至上，不为一切人情所动、利诱所惑、压力所屈。他

---

① 从杂志的每 100 名读者能带来的广告收入来看，在美国，一般大众杂志是 10～20 美元，而面向中产阶层的是 30～40 美元，商务杂志是 60～80 美元，面向管理者的杂志是 100～200 美元。见孔则吾：《克隆时代的中国期刊》，http://www.meansys.com/blogpath/blogdata/200405/1000013843.html。

说："不管是老前辈来的（稿件），或是幼后辈来的（稿件），不管是名人来的，或是'无名英雄'来的，只须是好的我都要竭诚欢迎，不好的我也不顾一切地不用。在这方面，我只知道周刊的内容应该怎样精彩，不知道什么叫做情面，不知道什么叫做恩怨，不知道其他的一切！"① 他还说："我办报办刊物，向来以不接受任何方面一文钱为铁则。"② 有人欲以重金换取他不刊登有关的舆论监督文章，被他坚决回绝。他还严格限制广告的内容，对"不忠实的和有伤风化的广告，虽出重金"，也"一概拒绝刊登"。在国民党当局的高压面前，他宁为玉碎，不为瓦全，决不苟且。

二是尽力为读者服务。在报刊的内容和形式上，他都是从读者出发，尽力维护读者的利益，满足读者的需求。"在内容上是讲人民大众想讲的话；在文字方面，力避'佶屈聱牙'的贵族式文字，用明显畅快的平民式文字。"③ 他要求《生活周刊》既有价值，又有趣味。他强调广告要同新闻、言论一样向读者负责。他尽量降低报刊的售价，还创办了56家生活书店，开办了中国最早的电话购书业务，方便了读者。

坚持内容质量和为读者服务是相辅相成的。它们都源于邹韬奋办报刊的基本方针："以读者的利益为中心，以社会的改进为鹄的。"这一办报刊方针正是他的经营之道，也完全符合现在传媒的市场营销、社会营销原理。总之，我们要从传媒的实际出发，从社会对传媒的要求出发，来探究传媒的特定规律，提出相应的措施。

---

① 刘景华. 韬奋办报刊（二）[J]. 新闻记者，1983（02）：33.
② 朱生华. 昭昭铁则，拳拳赤心——漫话邹韬奋的报刊经营之道 [J]. 中国记者，1993（01）：58-59.
③ 复旦大学新闻系. 人民的喉舌——韬奋论报刊 [M]. 福州：福建人民出版社，1980：7.

第一章

中国传媒产业的相关
概念和发展背景

第一节 基 本 概 念

一、媒介及相关概念

汉语地区从西方引进传播学词语时，对"medium"和"media"有的译为"媒介"，有的则译为"媒体"或"传媒"，后来的使用中也因地因人而异。为便于交流沟通和学术研究，可让三词各司其职。

1. 媒介

"媒介"在一般使用中，是使双方（人或事物）发生关系的各种中介。在传播领域中，一般与英文的"medium"相对应，指传播内容或者说信息（广义上）的物质载体，包括商标、服饰等实物媒介，击鼓、语言、军号、广播等声波媒介，烽火、信号灯、电影电视等光波媒介，也包括信函、电话机、传真机、喇叭筒、情况简报等人际、群体、组织传播媒介，书、报、刊、收音机、电视机等大众传播媒介。

在具体使用中，媒介（medium）可指：

（1）作为单数名词，指单个的传播媒介，如一份报纸、一本杂志。

（2）抽象的类名词，即传播媒介的总和。如"媒介是社会发展的标志"。

（3）大众传播媒介的简称。如"媒介世界影响人的主观世界"。

2. 媒体

这可利用"媒体"的"体"字来理解，"媒体"指大众传播媒介的集合体，即某一种而非某一个大众媒介。这也是有约定俗成基础的，如我们说"第四媒体"、广告的媒体投放，我们不会把电话机、传真机等称为媒体，也不会把一本书称为媒体。

"媒体"一般对应英文单词"medium"的复数"media"，但又不尽然。"media"是所有媒介的复数，而不仅仅是大众媒介的复数。如马歇尔·麦克卢汉（Marshall McLuhan）的代表作之一《理解媒介——论人的延伸》（*Understanding Media: The Extension of Man*），这里的"media"就不是仅指大众媒介的复数，故不能译为媒体或传媒。

"媒体"在过去仅指大众媒介的集合体，而现在新媒体与非大众媒介也融合在了一起，如网络媒体、手机媒体、社交媒体中，既有许多大众媒介，也有人际、组织、群体传播媒介。

3. 传媒

"传媒"可以是传播媒介、大众传播媒介、大众传播媒体或传媒机构（从整个社会的宏观层面来看，传媒机构也是一种传播内容的物质载体——媒介）的简称。传媒知识、传媒产业、传媒发展、传媒竞争都指大众传媒，包括其中的媒介、媒体和机构，但不包括电信工具如电话机，电信机构如中国电信等。

为便于区分，在仅指大众媒介、媒体和传媒机构这三者之一时，尽可能使用更具体明确的"大众媒介""各种媒体""传媒机构"等。

4. 三词各司其职

区分后可以更为准确地讨论一些问题。如"媒体融合"，仅指印刷媒体、电子媒体、网络媒体等的融合；"媒介融合"则范围更广，可指现在人际传播、群体传播、组织传播、大众传播等各种传播的媒介都融合在一起；"传媒融合"则既包含大众媒介、媒体的融合，又包含传媒机构的融合。

在大众传播时代，媒介一词较多地用于大众媒介，媒体、传媒的使用频率也较高。而在移动传播、非大众传播的比例和问题日益上升的当今，媒介一词也可被更多地使用。如"媒体素养"仅指大众传播媒体方面的素养（当然新媒体中融有非大众媒介），"传媒素养"还包含媒体机构，"媒介素养"则可包含大众媒介和非大众媒介，现在它可比以往更多地使用。媒介经济、传媒经济等词的使用也是如此。

5. 新媒体

"新媒体"是个广受争议的概念。有人说这是个伪概念，任何媒体刚出现时都是新媒体。有人说传统媒体只要内容新，就是新媒体；数字媒体只要内容旧，也是旧媒体。有人则用数字化、多媒体、无限容量、无限时空等许多定语来界定新媒体。

新媒体就是以数字技术为基础的新型媒体，可多媒体和双向互动传播。在这样的含义上使用这个词，至少现在还是很有必要的，可帮助我们谈论、研究这种经常要说起的特定对象。

新媒体主要有以下新特点：

（1）性能特点，主要为两个"无"、两个"多"——无限容量、无限时空，多媒体、多重方便。

（2）应用特点，主要为四个"与"——综合与扩散、虚拟与多元、自由与自主、方便与互动。

（3）功能特点，主要有以下几个方面。① 个性化带来新功能。网络上的大众传播也可进行微内容传播，满足个别化需求，产生"长尾效应"。这使信息和广告等宣传可更加分群化、精准化。② 远程化带来新功能。可进行远程群体传播，开展网络调查、电子商务、电子政务等。③ 自由和自主带来新功能。如带来传播多元化、平等化、平民化，使公民新闻、公民评论大量涌现。又如带来网络监督，媒体监督在有些地方并不新鲜，在另一些地方则还较新。在中国，网络监督特别火爆，据统计，2010—2012年，反腐案件首次曝光于新媒体上的事件数量是传统媒体的2倍。

6. 社会化媒介、社会化媒体、社交媒介、社交媒体

这四个词也是现在经常被混用的概念。

社会化媒介、社会化媒体（social media）：前者包括非传媒机构所办的几乎所有网络信息应用；后者当指非传媒机构所办又面向广大公众连续传播的媒介，如论坛、博客、微博以及个人网站、手机客户端、微信公众号等。它们不同于传媒机构所办的媒体，然而有些个人参与者的背后也有团队，组织机构也可办博客、微博、微信公众号等，这些可属于广义的社会化媒体。

"social media"又被译为社交媒介、社交媒体。前者指从古至今基于社交网络的各种传播媒介，包括信函、电子邮件、微博、微信等。后者特指其中基于电子社交网络、广泛传播的媒体如微博、微信等，通过一再转发也可相当于公开广泛传播，具有媒体性质。

用户提供内容、可多对多传播交流是社交媒体的重要特征，也赋予公众越来越大的传播权利。

社会化媒介、社交媒介的外延有很大的交叉部分，社交媒介中传播机构所办以外的都属于社会化媒介。

社会化媒体的概念早于社交媒体，两者既有区别又有联系。前者是相对于媒体机构而言，主要从传者和内容生成来看，便于把握其内容特点；后者则不论是否为传播机构所办，主要从传播渠道来看，便于把握其传播特点。

二、媒介即讯息

一般认为媒介就是传播介质，但传播学泰斗马歇尔·麦克卢汉又惊世骇俗地提出：媒介即讯息（The medium is the message）。

这是麦克卢汉在其代表作《理解媒介——论人的延伸》的第一部分就提出的，也是引发探讨和争论最多的一句。

笔者对"媒介即讯息"的解读是：

（1）一种媒介可成为另一种媒介的内容。如语言成为文字的内容，文字成为信函、传单的内容，信函、传单成为报刊的内容。现在报刊、广播电视都成为新媒体的内容。媒介要效力强、影响大，可被另一种媒介当作"内容"。

（2）各种媒介影响、创造着相应的内容。如没有电视就没有电视报道、电视转播、电视剧，没有新媒体就没有博客、微信内容和微电影。

实际上一种媒介还会改变其他媒介的内容，如广播之于报刊，电视之于报刊和广播，新媒体之于报刊和广播电视——许多报纸新闻正在深度化，许多电视节目正在现场画，以应对新媒体的挑战。

（3）媒介本身也能成为一种讯息，反映、标志着某种社会、某种时代、某种时代的人，预示着新的世界，甚至比任何媒介内容更深刻地反映和影响世界。

麦克卢汉做过一个比喻：媒介是窃贼，我们是看门狗，媒介的内容则好比是一片滋味鲜美的肉，破门而入的"窃贼"用它来分散"看门狗"的注意力。他提醒我们要注意媒介本身，不要仅仅关注媒介的内容。①

自左至右阅读的拼音文字、印刷媒体，培养了人们条分缕析的、线性化、逻辑化的思维，并形成分门别类的科学和崇尚权威的氛围；供整体、全息览视的象形文字、影视媒体，培养了人们总体完整的、非线性、形象化的思维，并形成天人合一的哲学；立体自由传播的多样符号、网络手机媒体，培养了人们发散跳跃的、包容性、创意性的思维，并形成全新的生活、学习、工作方式和多元化、娱乐化的社会趋向。

在电子媒介时代，传、受信息的方式转向类似于部落时代的全息传播。例如，看电视时，人们对信息是全息摄入，与部落时代很像，而不同于阅读时逐一地、线性化地进行。人们对世界上的重大事情几乎同时知道，并产生共同的情感。人们几乎都记得某一重大事件发生时自己在哪儿。因此人们像生活在一个"地球村"里。

在电子媒介时代，尤其到了互联网时代，线性思维、演绎逻辑、阅读时的空间私密、信息充盈的感觉，都逐渐让位于电子时代的相反状态。思维方式更像部落时代：非线性化、逻辑性不那么强、更自然本能。麦克卢汉说，虽然他几乎始终反对这种变化，但这种趋势不可逆转。

三、传媒事业和产业

1. 事业和产业

所谓事业，是指有一定规模和系统的、对社会有较大影响的经常性活动的总和。传媒机构正符合事业的特征，应属于事业。即使以经营性为主的传媒机构，也要创造社会效益，承担社会责任，也是事业的一部分。

产业狭义上仅指制造业中的各行业，广义上则指国民经济中各种较大的行业，如电子产业、运输产业、信息产业，或按一定标准划分的众多行

---

① 麦克卢汉. 理解媒介：论人的延伸 [M]. 何道宽，译. 南京：译林出版社，2011：151.

业的集合，例如：

按产品（包括服务），划分为生产资料产业、消费资料产业和其他产业；

按生产的特点，划分为基础材料产业、加工组装产业、商贸服务产业；

按生产的阶段，划分为上游产业、中游产业、下游产业；

按生产要素的密集程度，划分为劳动密集型产业、资金密集型产业、技术密集型产业、综合密集型产业；

按产业的地位和作用，划分为主导产业、支柱产业、优势产业、薄弱产业；

按国际经济联系，划分为内向产业和外向产业。

三次产业分类法是国际通行的重要方法。第一产业部类为广义的农业，包括农、牧、渔、林、狩猎等，是以自然界或动植物培育为产品来源的产业。第二产业部类为广义的工业，包括建筑业，是对广义农业的产品及矿产品进行加工和再加工的产业。第三产业部类为广义的服务业，包括第一、第二产业之外的各行各业，如交通、邮政、信息、商贸、金融、保险行业，精神产品系统、公用事业系统，教育、科研、卫生系统等。

鉴于信息业在当今社会中所占比重之大，有人将各种信息业从第三产业中分列出来，归称为第四产业。

20世纪90年代中期出现了"内容产业"（content industry）的概念，这是相对于电信、广播电视设备、互联网设施等信息硬件和平台产业而言的。欧盟将内容产业定义为"制造、开发、包装和销售信息产品及其服务的企业"，包括图书、报刊、电影、广播电视、网络媒体、手机媒体、通讯社、广告业等诸多行业。

2. 传媒既属于事业，又属于产业

在市场经济环境中，传媒机构有很多经济活动和成果，并照章纳税，构成国民经济的一部分。这部分当属于第三产业，即广义的服务业。

从狭义的角度来看，可把事业性单位归为事业，企业性单位归为产业。即使如此，我们有许多传媒机构也不能完全归为事业或产业，比如新闻单位，现在基本是事业单位、企业化管理，事业机构和产业机构的特性都有。其中有的机构偏重于事业性一些，有的偏重于产业性一些。

可见，传媒业既属于事业，又属于产业。这只是从不同的角度、不同的侧面来看传媒业而已。从更大的范围来看，我们的传媒业还是信息产业的一部分、宣传体系的一部分、文化事业的一部分、文化产业的一部分——这也是从不同的角度来看的结果。

3. 传媒产业的内涵与外延

如前所述，传媒是传播媒介、大众传播媒介、大众传播媒体或传媒机构的简称，传媒产业主要包含以下行业：

① 通讯社、图片社

② 报纸业

报纸出版

报刊批发

报刊零售

③ 期刊业

期刊出版

④ 图书出版业

图书出版

图书批发

图书零售

音像制品出版

音像制作

电子出版物出版

其他出版

音像制品及电子出版物批发

音像制品及电子出版物零售

记录媒介的复制

书、报、刊印刷

包装装潢及其他印刷

⑤ 电视业

电视

有线广播电视传输服务

无线广播电视传输服务

卫星传输服务

⑥ 广播业

广播

⑦ 电影业

电影制作与发行

电影放映

⑧ 新媒体业

互联网信息服务

手机信息服务

动漫、游戏

⑨ 广告业

广告业

⑩ 传媒服务业

知识产权服务

会展业

注："报刊批发""报刊零售"都置于"报纸业"下，"期刊业"中不再列入；"有线广播电视传输服务""无线广播电视传输服务"都置于"电视业"下，"广播业"中不再列入。

数字化传播带来的媒体融合，已经发展到了人际传播、群体传播、大众传播等各种传播及其媒介的融合，乃至信息技术、电信、娱乐、商贸、金融等各种行业与传媒业的融合，传媒产业的边界也日益模糊。

但仍把以传媒为主营业务的机构归为传媒产业，而传媒的"硬件"制造——物质材料、工具、设施等，以及传媒机构的非主业经营，则当分属造纸、电子、房产、旅游等其他相关产业。

第二节　中国传媒的产业化发展

一、产业化发展的要求

产业化发展是使传媒业的环境、机构和行为，利用产业发展的规律和方法，以取得更好的经济效益和社会效益。

中国从计划经济体制转向市场经济体制的过程中，国民经济的各行各业都有产业化发展的问题，即遵循经济规律，实行产业环境、机构和行为的优化，达到科学合理、充分高效的发展。为此，需要政企分开，所有权与占有权、使用权分离，建立责、权、利紧密结合的现代企业制度；需从严格的计划控制转向国家调控市场、市场调节企业，建立健全市场体系；需保护和提升产业环境，完善产业政策，健全产业规范，探索产业规律，提高产业效益和国际竞争力。

改革开放以前，中国的传媒基本上是按事业机构的方式办的。其主要特征是：经费由党政部门提供，盈亏归公；没有经济指标、经营责任，不缴税金；干部由上级机构任命，其他人员也由党政部门分配；宣传按上级指令，其他内容也由上级指导。

这种方式形成于革命战争年代。它使传媒机构的工作条件和社会地位有基本保障，使党便于对传媒进行统一调度和管理，保证传媒机构按党的工作需要进行宣传报道。这样的传媒具有很强的组织传播工具性质，为夺取革命斗争的胜利做出了巨大贡献。

中华人民共和国成立以后，中国共产党成了执政党，党所领导的传媒需转变为社会传播工具，全面发挥各种社会作用。传媒的运作方式也应以社会化的方式为主，调动各方面社会资源，遵循传播规律和经济规律。然而在计划经济体制和学习苏联的背景下，反而是事业单位、机关化管理的方式不断扩大和加强，结果是传媒的数量不多、质量不高、功能单一，社会和公众的许多需要得不到充分的满足，还给国家带来日益沉重的经济负担。在建立市场经济和面对国际竞争的新时期，传媒更需进行相应的改革，让传媒事业与产业的发展相辅相成。

发展传媒事业，使传媒业规模扩大，影响力提高，可直接带动相应产业的发展。反过来，发展传媒产业，使传媒业总量扩大，效率提高，资源利用充分，也可直接带动相应事业的发展，还可使传媒更加贴近实际、贴近生活、贴近群众，大大提高传媒事业的质量和影响力。

二、产业化发展的成形

中国传媒的产业化发展主要从两方面起步。一是企业化管理，即以企业的方式进行传媒内部管理。二是市场化运作，即资源从市场上获得，效益在市场上实现。这两方面相辅相成、相互促进。如实行企业式的自负盈亏，必然促使传媒机构尽可能从市场上获取收益；参与市场竞争，必然促使传媒机构加强成本核算、实行绩效管理。有的行为和措施既是企业化，又是市场化，如开展广告业务。

这种起步的具体过程有一定的偶然性，但其出现、确立和发展则有必然性。从新闻传媒来看，1976 年"文化大革命"结束后，各行各业都进行拨乱反正，突破禁区，探索改革。《解放日报》等报社认为，其印刷、发行等生产经营部门的工作，与其他企业是一样的，应按企业的方式进行管理，包括进行经济核算，采用奖惩制度等，同时享受企业的福利、奖金等待遇，于是试行起来。随后，又看到报社的其他部门在同一个单位，福利、奖金待遇却不同，似不公平，于是也一并试行新办法。1978 年末，财政部批准了《人民日报》等首都几家新闻单位要求试行"事业单位，企业化管理"的联合报告，其他许多报社也相继跟进。

广告是传媒机构企业化经营的重要内容。1979 年 1 月 4 日《天津日报》率先恢复商业性广告；1 月 23 日《文汇报》刊登第一条外商广告；1月 28 日上海电视台播出了中国大陆电视第一条广告。至 1983 年，报纸、杂志、广播、电视的广告总收入为 1.2 亿元，广告经营全面起步。

1984 年 10 月，党的十二届三中全会通过了《关于经济体制改革的决定》，提出社会主义经济是有计划的商品经济。1985 年起，经济体制改革全面展开。与此同时，传媒业的原料、人工等成本迅速上涨，财政补贴所占比例日益减少，只有通过加强经营管理来解决生存和发展的基本问题。传媒机构的企业化程度进一步提高，同时纷纷开展传媒业务以外的其他经营。

1988 年 3 月，国家新闻出版署和工商管理局联合颁布了《关于报社、期刊社、出版社开展有偿服务和经营活动的暂行办法》，允许报社开展"与本身业务有关的有偿服务和经营活动"，"可以结合本身业务和社会需要，兴办经济实体"，但"不得从事与本身业务无关的纯商业经营"。

1992 年，党的十四大提出经济体制改革的目标是建立社会主义市场经济，中国报协建议允许报社从事跨行业经营活动。这年政府给广播电视业的拨款为 23.8 亿元，而仅电视台的广告收入就达 20.39 亿元，许多广播电视台的经营收入已大大超过了政府拨款。

1993 年，报社与其他企业一样开始执行财政部该年颁布的《企业财务通则》和《企业会计准则》。新闻传媒的联合、兼并、向社会融资、与外商合作等逐渐出现。

1994 年，绝大部分省级以上的党委和政府机关报，一半左右地市级的党委和政府机关报，都已结束了"吃皇粮"的历史，走上了"独立核算、盈余留用"的自我发展道路。同时，一部分新创办的非机关报，则走上了"自筹资金、自主经营、自负盈亏、照章纳税、自我发展"的纯企业化办报道路。有些经营成效突出的传媒机构已上缴大量税款，如《新民晚报》从 1991 年到 1995 年，上缴了 2 亿多元税款，扣除退税部分，纯上缴 1.1 亿元。

1996 年 1 月，国家新闻出版署批准成立广州日报报业集团，同年 5 月 29 日正式挂牌运行。到 2000 年底，经国家批准的报业集团试点单位有 16 家，广播电视集团有 2 家。而更多的新闻机构虽不挂集团的牌子，实际上也在探索集团化的路子，或多或少地以集团的方式运作，甚至集团化程度还高于一些已挂牌的，如新华社、人民日报社、中央电视台，以及许多省市的主要报社和广播电视厅局。

2000 年前后，一些传媒机构及其主管部门还利用市场经济环境和传媒业的无形资产，积极吸纳社会资金，进入资本运营的高级阶段。如 1999

年 3 月，以传媒为主业的公司"电广传媒"上市；1999 年 6 月，由《成都商报》控股的子公司受让上市公司"四川电器"的股份，成为其第一大股东；2001 年，国家广播电视总局指定的有线电视网络试点企业——"歌华有线"上市。

2002 年底党的十六大正式肯定了发展文化产业的概念。此后，中国积极推进政治文明建设，加强民主和法制，强调以人为本、社会和谐、科学发展、与时俱进，这些都给传媒业的改革和发展提供了新的条件和动力。时任中共中央政治局常委李长春在诸多场合多次强调宣传思想工作要贴近实际、贴近生活、贴近群众，切中了新闻传媒问题的要害，指出了改革的方向。正如时任国家新闻出版总署副署长柳斌杰所说：过去大家常常处于两难的境地。过分地强调意识形态，注意意识形态的宣传作用，失掉了市场、失掉了群众。如果一味地迎合群众、迎合市场，又削弱了对主旋律的宣传，一直是处于这么两难的境地。党中央提出贯彻"三贴近"的原则，给新闻出版的改革提供了一个重要的指导思想。

2003 年初，党的十六大以后不久，党中央就着手改进新闻工作。先是改变新闻报道中会议报道和领导活动报道太多，没有新意的内容太多等状况，要增加基层情况和群众关心的问题。

2003 上半年对伊拉克战争的报道，对"非典"信息的处理，提供了很好的经验教训，激起了关于知晓权、信息公开、突发事件报道、危机信息处理的广泛探讨，使中国改革了对突发事件报道的管理，采取了增加政府工作透明度的措施，包括建立政府发言人制度、推进政府信息上网、起草和讨论《政务信息公开法》。同年开始了经营型传媒实行企业化转制的试点工作，2006 年起逐步推开。至此，中国传媒的产业化发展基本成形。

三、产业化发展的影响

1. 效能

1）促进体制和管理的科学化

产业化发展要求传媒机构以市场主体的身份独立自主地运行；以企业的方式运作，责、权、利紧密结合，注重市场营销、公共关系，努力提高社会效益和经济效益。为此，要改进经济体制、领导体制、经营和管理体制。要改变过去政事不分、所有权与经营权不分，高度行政化、人治化的管理方式，实行企业化、法治化管理。

2）发挥市场机制的作用

在宏观上，产业化发展要求有完整、规范、高效的市场体系，包括传媒产品市场和生产要素市场，以满足产品的销售和生产要素的供应。而市场的供求、价格、竞争等机制，可促进传媒业的结构、行为优化，产品流通顺畅，资源吸收充分、配置合理、利用高效，经济效益和社会效益提高。在微观上，产业化发展也使市场机制对传媒机构的积极作用成为可能。在完全行政化、事业型的管理下，经济上统收、统支、统管，市场对传媒机构和人员产生不了影响。产业化发展使传媒机构的发展和人员的利益与经济效益和社会效益直接挂钩，从而受到市场的有力调节和激励。

3）促进传媒机构尽力满足公众的需求

产业促使传媒机构尽力争取受众，以赢得受众和广告两个市场。为此，就要尽力贴近社会、贴近生活、贴近群众，发掘和满足受众的需求，甚至包括受众自己尚未明确的需求。

2. 积极作用

以上三方面效能的合力促使传媒机构确立和加强受众观念、质量意识和营销意识；提高经营和管理水平、设施和设备水平、产品和服务水平；更好地满足宣传和引导需要，受众的获知、表达和娱乐需要，社会的信息流通、文化传播和舆论监督需要等。

1）思想观念

一是加强了受众观念以及与之相应的质量意识和营销意识。过去我们的传媒工作者有较强的"灌输"观念，即把要宣传的思想、政策、主张灌输给群众，而对受众的需求、兴趣、爱好、接受心理等不够重视。党和国家一贯要求传媒工作者为人民服务，满足人民的需求，但在过去，群众是否满意与传媒工作者的切身利益没有直接关系，脱离受众需求的内容和形式仍充斥着传媒，人们许多正当的获知、表达、娱乐等需求则得不到满足。而现在，传媒机构上上下下、各环节、各部门，都在积极寻找、尽力挖掘和满足受众的需求。不仅时时关注市场的反馈，不断总结、及时调整传播内容和形式，许多传媒机构还经常委托专业调查机构，了解受众的特点和喜好、意见和要求。以受众为中心、以受众为出发点和归宿点的思想，日益成为许多传媒机构的指南。媒介质量、营销水平也得到逐步提高。

二是提高了对传播规律和经济规律的重视程度。如许多新闻传媒纷纷加大信息量和提高新闻价值。新闻传媒的市场竞争在很大程度上是新闻价值的竞争，缺乏新闻价值的新闻传媒不能引起广大受众的关注，也就没有市场。

2）传播内容、方式和技术水平

传播内容上，一是数量大大增加，媒介的数量、单个媒介的容量、单位时间和版面的信息量都大大增加。二是质量大大改进。新闻性、针对性（是否适销对路也是质量问题）、可读性（包括可看性和可听性）和必读性大为增强，广度和深度大为扩展。许多过去不太受重视或不敢正视的内容现在占了相当的比重，如经济信息、社会新闻、趣味性新闻，群众关心和议论较多的热点、焦点。深度报道不仅为报纸所热衷，连不善于说理的电视也办起了颇有深度的栏目。三是舆论监督内容大增。这方面的内容往往很被受众关注，而且在舆论监督越难的地方，这方面的内容越是弥足珍贵、越受市场的追捧。《南方周末》《南方都市报》等报纸的发行量，《焦点访谈》等栏目的收视率，之所以能高出许多其他传媒一大截，很大程度上是由于其中的舆论监督性内容。这反过来又给这些传媒以很大的鼓励，促使新闻传媒在舆论监督方面尽可能排除干扰，顶住压力，突破禁区，满足受众。

传播方式上，一是速度加快，针对性加强。如报刊出现晨报、午报、晚报的时间段细分，各种年龄、性别、收入、爱好的读者细分，广播电视和网络媒体缩短新闻滚动周期，还大量采用直播的形式，专门化的频率频道大量增加。二是传播艺术提高，互动性加强。市场竞争使新的媒介、版面和栏目，新的传播形式和技巧层出不穷，如新闻报道出现了大特写、深度报道、体验式报道、现场测试专题新闻。受众的意见和建议得到充分重视，加上种种受众直接参与传播的形式，使受众与传媒产生日益密切的双向互动，传播日趋双向化。

技术水平上，中国传媒业成了采用先进技术设施最早、与国际同步程度最高的行业之一。竞争促使传媒尽力提高速度和效率，这就必然要尽力采用最先进的技术手段。

3）经营、管理水平和效益

经营上，传媒机构也积极探索资本运作、业务扩展、产品延伸、价值链打造，纷纷采用形象策划、市场营销等方法。传媒竞争也从价格竞争走向运作水平的竞争，从国内竞争走向国际竞争。

管理上，借鉴、吸收现代企业的科学管理制度和方法，明确和提高管理人员的责、权、利及其相结合程度，建立健全竞争机制、激励机制和约束机制、淘汰机制，采用干部聘任制、员工聘用制，岗位责任制、经济责任制，质量、财务管理制，绩薪挂钩的工资制。传媒机构纷纷进行集团化整合与战略管理、核心竞争力打造，使经营管理水平得到全面提高。

传媒机构的效率和效益也有了相应的提高。中国报纸、杂志、广播、电视四大新闻媒体的广告总收入，1983 年为 1.2 亿元，7 年后增长 10 倍以上，在 1990 年达 14.1 亿元；6 年后又增长 12 倍，于 1996 年达 182.8 亿元；2003 年为 548 亿元，又是 1996 年的 3 倍。许多新闻单位的办公大楼成了当地的标志性建筑。

这里所说的效益还包括传播效益和社会效益。即一定的传播投入产生的传播效果和积极的社会影响。经济效益不仅为传播效益和社会效益提供了物质基础，使形式主义、浮夸虚饰等表面文章得不到市场的承认，传播效果、社会效益必然低下，逐渐被面向市场的传媒所抛弃；注重实效，深入探究和充分利用传播对象的接受规律、接受心理，可赢得长期稳定的、越来越多的受众，取得更大的传播效益和社会效益，必然被产业化运作的传媒所采纳。上述思想意识的变化和传播内容、方式、技术手段的发展，经营管理上的改进，都有利于传播效应的扩大、社会效益的提高。

3. 消极影响

社会需要大众传媒起公益性的作用，而有些公益性传播并不能给有关传媒带来直接经济利益，有的传媒对此就不予重视。

在任何社会，精神文化上的高层次者总是少数。有些传媒为了保住和扩大市场，便迁就、迎合层次低、数量大的受众，重轰动性、刺激性，降低精神文化水准，放弃许多严肃深刻的内容。

有些传媒为了获取和保住广告、赞助等收入，为"财源"夸大、编造或缩小、隐匿事实；搞有偿新闻、有偿版面；违反广告法规，以新闻的形式做广告，随意插播广告，比如以介绍经验等方式为烟草企业做"软性"

广告。这些都损害了传媒质量和受众利益。

有些传媒及其领导机构还采取其他不正当竞争手段：如虚报发行量；传播内容上"打擦边球"；依靠行政力量强行推销；阻止其他地方的传媒进入；垄断新闻源；甚至泄漏国家机密。

这些消极影响的结果中，有的是违背经济规律和市场规律的短视、短期行为，甚至是违背政策法规的行为，如传播低级趣味的东西、搞有偿新闻等。这些必然会损害传媒的质量和信誉，最终导致受众和广告源流失。有的则与传媒业的环境还不够成熟、市场调控还不够完备有关。这些消极影响会有新的发展，也会随着传媒机构的成熟、社会调控的完善而有所逆转。

4. 促进大众化

传媒的产业化发展还带来传媒的大众化和社会文化的大众化。

就世界范围而言，报刊、广播、电视等传媒最初都是面向少数人的。产业化发展要求传媒在传播对象范围内，吸引尽可能多的受众，以扩大发行和广告收入。这就有力地促使传媒降低售价，走向大众，为尽可能多的人众所使用。与此同时，在内容和形式上也尽力符合大众的需求。

由于传媒的广泛影响，其大众化形成了具有广泛共享性的大众文化。这种文化的特征是快速、大量、通俗、浅显，具有易接近性、易接受性、强娱乐性和易流行的优势。其积极方面是使文化由少数上层人士拥有，转向由社会的每一个人拥有，使文化作品从少数人为少数人制作，转为庞大的制作队伍为广大的受众制作；最大限度地满足大众的文化需求。消极方面是为了迎合多数人，降低传媒品位，排挤精英文化；诉诸受众的被动性接受、降低人们的行动意志和社会活动量；浪费受众的许多时间；有的甚至产生媚俗、色情和暴力内容。

第三节　媒体融合与传媒产业

一、媒体融合及其延伸

1. 媒体融合

进入 21 世纪前后，突飞猛进的数字化传播带来报刊、广播电视、网络

媒体、手机媒体等相互交叉融合，起初是
传统媒体与网络媒体的融合，后来又在移
动终端融为一体（见图1-1）。

　　媒体融合使各种媒体形态优势互补，
方便程度和传播效果最大化，产生融合效
应，并形成融合媒体，如综合性网络、手
机媒体。其中的内容既有官方的，又有民
间的，既有图文的，又有音视频的，既有
大众化的，又有分群化、"小众化"的；其

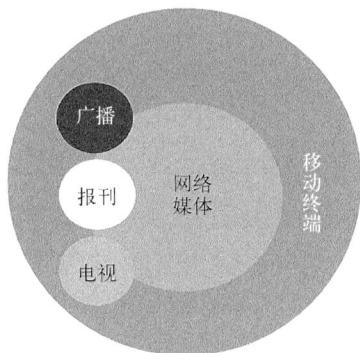

图1-1　媒体融合示意图

中的新闻既可以是新近发生的事实报道，也可以是其他各种真实、新鲜、
受众需要的信息。传播方式从我传你受，转向我供你取。所供的内容应是
受者需要的，而不能只是传者要供的。

　　媒体融合使地方性媒体可成为全国性、全球性媒体，也带来更多竞
争。地方性传统媒体机构正在集合区域内容和市场优势，品牌和人才优
势，网络媒体的无限容量、无限时空、多频道、多媒体优势，以及手机等
移动终端的随时随地连接优势，开发出各种各样的融合媒体产品。

　　2. 其他融合

　　媒体融合的深入发展，又带来其他融合，如各种新闻采编、媒介制
作、经营业务融合，内容、渠道、平台、管理以至产权融合。可以用一个
更大的概念来概括所有这些融合——传媒融合。

　　新媒体、移动终端不仅与传统媒体融合，还与人际传播、群体传播及
其媒介融合，如网络、手机媒体中有邮件、即时通信、社交圈等传播。

　　媒介融合又带来传媒业与电信、商业、金融等其他行业的融合。如电
视屏幕可同时成为购物、交易、支付、游戏屏幕，观众成为用户。

二、融合改变传媒产业

　　上述融合改变了传播的主体、客体和载体，改变了传播的方式、方法
和效果，改变了传媒格局、行业格局乃至社会格局。

　　1. 重构传播主体及其关系

　　传播主体包括传者和受传者。高度的媒体融合、传播融合，呼唤专业

的多媒体、全媒体传者。更重要的是，媒体融合、移动传播时代的各种机构和每个人都可成为传者。

在传统媒体时代，市场化运作的媒体已从以传者为中心转向了以受传者为中心，但仍是以传者为主导，而到了现在的移动传播时代，许多受传者自己就成了传者和主导者，面临的不是别人是否以他们为中心的问题，而是他们不要过于以自我为中心，需明智地选择可靠优质的媒体，自觉地多看多听不同的信息和观点。

2. 重构传播媒介体系

媒体融合使各种传统媒体和新媒体此消彼长。在传统媒体时代，书籍、报刊、广播、电视、电影体系是各自独立的。在网络媒体时代，它们与网络媒体有小部分交叉。而在移动传播时代，各种其他媒体基本与移动媒介交叉，有的几乎完全融入移动媒介，如有的报纸停办了纸质版，只办移动客户端。而移动媒介则成为核心和主流，不仅成为人的延伸，而且也是其他各种媒体的延伸。

在移动媒介体系内，不仅有传媒机构办的媒体，还有其他组织机构办的媒体，以及自媒体。大量的微信朋友圈和微信群，则成为这些媒体的补充和延伸。

3. 重构传媒机构体系

在传统媒体时代，传媒机构基本是单一媒体，且是相对独立的。在网络媒体时代，传媒机构大多是多媒体的，传统媒体机构也都自建网站。在移动传播时代，许多传媒机构是全媒体的，机构内部也基本打破媒体的隔阂，建立起跨媒体的内容中心、视觉中心、技术中心等。

网络媒体新闻机构有些是商业性的，而移动传播新闻机构大多是商业性的。这使传播资源更加丰富，内容更加多元，然而片面追求经济利益的副作用也更为明显。

4. 重构传媒产业与社会的关系

媒体融合、传播融合使传媒产业与社会的各个部分、各种人直接融合在了一起。如企事业单位和各种专业人士直接开设微博、客户端等，并产生一定的经济价值，成为传媒产业的一部分。

传媒业与电信、信息技术、文化娱乐乃至商业、金融等行业也交叉融合，更充分地利用传播渠道、技术条件、信息数据等资源，更全面、及时、方便地满足用户的需求。

三、融合呼唤体制变革

上述各种融合可产生规模效应和协同效应，于是要求传媒进行跨媒体、跨行业整合，这又在一定程度要求进行相应的体制变革。

西方在 20 世纪末放宽电信业、电子媒体业和报刊业的相互进入，接着出现了规模空前的传媒业并购浪潮，形成更大的多媒体、全媒体公司。如美国的维亚康姆并购派拉蒙公司、哥伦比亚广播公司、BET 控股公司，最著名的就是美国在线与时代华纳的合并。过去的大型报业集团，现在几乎都是多媒体或全媒体集团，如美国的甘尼特公司、赫斯特公司、纽约时报公司。

中国传媒业的地区、行业分隔由来已久，使许多在资金、技术、经验、人才、品牌、管理等方面拥有优势的传媒机构难以充分发挥优势，难以获取经营规模效应、价值链产业链延伸效应和媒体融合效应。

随着媒体融合、传播融合的发展，打破传媒的行业和地区壁垒、创新传媒市场进入和退出机制，也就变得更加迫切。

此外，这些融合使传媒强者更强，集中垄断程度更高，使弱者相对来说更弱，逐渐被边缘化或淘汰。这不利于传媒的繁荣，不利于信息和意见的多元化。虽然谁都能在网上发出声音，但受众经常接触的传媒仍然是有限的。

第二章

传媒业的产品

第一节　产品的种类和特点

一、种类

1. 基本种类

传媒业的产品有传播媒介以及相关产品和服务，包括媒介内容、发行和传输服务、广告服务、资料服务、咨询服务、传播技术服务，传媒机构还应尽可能利用自己的品牌、渠道、人才、信息、大数据等资源，进行多种经营，提供旅游、娱乐、商贸、房地产等产品和服务。

按物理介质分，传播媒介可分为非语言媒介、语言文字（语言的书面形式）媒介、印刷媒介、电子媒介（包括电影、广播电视、网络手机等），还可从电子媒介中划分出数字化新媒体。

按传播主体分，即传者和受传者，传播媒介可分为个人传播媒介、群体传播媒介、组织传播媒介、大众传播媒介。这里的"大众"是指广大公众，而不是与"精英"相对的"大众"。顾名思义，大众媒介就是面向广大公众的媒介，包括报刊、广播电影电视、音像制品、各种新媒体，以及告示招贴、路牌灯箱广告等媒介。非大众媒介则包括烽火、军号、语言、信函、电话、传真、喇叭筒、内部参考资料、电话或视频会议系统等，以及其他各种人际传播、群体传播媒介。

按传播内容分，传播媒介可分为新闻媒介和非新闻媒介。广义上的新闻媒介是指能传播新闻性信息的各种媒介，包括公开媒介和非公开媒介、大众媒介和非大众媒介。狭义上即我们通常所说的新闻媒介，仅指以新闻和时事评论（其中也有许多新闻性信息）为重要内容、连续传播的大众媒介——它们是新闻与传播研究的重中之重，因其量大、面广、速度快，经常载有重要的、及时的信息和评论，还包容了许多其他重要内容，处于新闻传播的中间环节，承上启下的核心地位。

2. 传统媒体和新媒体

数字化新型媒体兴起后，又出现传统媒体和新媒体之分。传统媒体包括印刷媒体和电子媒体。前者有书籍、报刊、海报、小册子、印刷广告等；后者是以电磁、电光、电子、微电子等为介质的媒体，有电影、广播电视、录音录像等。网络媒体、手机媒体本质上也是电子的，但被归为新媒体。

所有新诞生的媒体相对于此前的媒体而言都是新媒体，如广播对于报刊、电视对于报刊和广播，但现在使用的"新媒体"这一概念，已约定俗成地特指数字化新型媒体。广义上指所有以数字技术为基础的新型媒体，包括网络、手机、光盘、U盘、数字播放器、硬盘录像、智能电视、电子阅读器等。狭义上指其中用于大众传播的，即具有数字化、多媒体，可双向互动特点的大众媒介，包括网络媒体和手机等移动终端，它们一般也可同时用于非大众传播，并在很大程度上把各种传统媒体融合进去。

有的传统媒体采用了数字技术，但其基本形态和性能并没有质的改变。如用数字技术制作和传输广播电视节目，在传统接收机上播放出来；如模拟电视机采用了数字技术，能自动搜台等。这些仍不能属于新媒体。而当广播电视进入了互联网或宽频有线电视网，受众可以通过数字机顶盒（也可装在机内）自主点播、下载、保存，就有新媒体的性质了。

纵观传播历史，传播媒介不断朝着多、快、广、真和方便的方向发展，将来还可能出现以生物技术为基础的新新媒体。

3. 进一步细分

所有权对传播媒介有决定性的影响，主要分为国有、公有和私有三种。这三种传媒各有利弊，适应不同的国情，也可互补。

国有传媒一般享有一定的市场特权，而在信息传递、意见交流、舆论监督方面则会较弱。公有传媒为公共机构所有，尽量满足社会公益需要，而市场竞争力则会较弱。私有传媒为私人个体或机构所有，尽量满足其衣食父母——受众的需要，信息作用、市场竞争力较强，而在自觉承担社会责任方面较弱。

目前在中国，新闻媒介以国有党办的为主，现正进行产业化发展、企业化转制的改革，但主要新闻机构仍是国有事业单位，而商业性网络媒体、社交媒体则大多是私有的。

在西方国家，新闻媒介有少量国有的，如"美国之音"电台；有较多公有的，如BBC（英国广播公司），目前在西欧、日本和其他英联邦国家，广播电视台基本是公有与私有并存；报刊和新媒体绝大多数是私有的，美国的广播电视也基本是私有的。私有传媒往往与政党和政府有着千丝万缕的关系，同时又受国家利益、意识形态和文化传统的影响。

还可按经济背景分为商业性传媒和非商业性传媒，按经营分为收费传媒和免费传媒；按传播范围分为社区性传媒、地方性传媒、全国性传媒、国际性传媒，按传播对象分为老年性传媒、青年性传媒、妇女性传媒等；按媒介内容分为综合性传媒和专业性传媒、严肃性传媒和娱乐性传媒、经济性传媒和体育性传媒等。

二、基本特点

在过去的传媒业产品中，最主要的是大众媒介，现在融合了大众媒介和其他媒介的新媒体日益重要起来。

与其他传播媒介相比，大众媒介一般有如下特点。

（1）传者：一般有组织机构。这就产生许多与组织机构有关的问题，如结构问题、人事问题、管理问题、公共关系问题。但现在博客、个人网站等自媒体已能由个人进行大众传播。

（2）内容：针对性越强的传媒越能得到受众和广告客户的欢迎，内容专门化、对象小众化是大众媒介发展的总趋势，尤其是对于期刊和广播。

（3）媒介：可大量复制，但也不是非大量复制不可，有的可以少量复制，甚至不复制，如招贴、广告牌。

（4）受众：大量的、广泛的、分散的、经常变动的。

（5）效果：扩散速度快、空间广。效果差异大，同一种传播对不同的人会有很不同的效果。电子媒介还有助于形成地球村：一方面迅速及时地传播世界各地的信息，另一方面受众在接收时往往眼耳并用，犹如在村里，不同于印刷媒介只用眼接收。

（6）反馈少，信息流通大多为单向的。这也使传者的意图与受众的兴趣、理解、接受会有较大差异。不过现在互联网和手机大大方便受众对传播进行反馈。

三、书报刊和广播电视的特点

1. 书籍的特点

书籍包括使用各种材料、刊载文字图画等各种符号的装订册。中国最早的书籍是用竹、木书写的简策。

与其他印刷媒介相比，书籍容量大、内容专业，既适于传播系统的知识，又便于探讨深奥的理论，还有保存和查阅方便的长处。

但书籍出版周期长、成本高、广告少、价格贵。因此书籍不宜刊载时效性强的、用后即弃的"速朽"内容。

2. 报纸的特点

报纸是有一定刊名的连续出版物，一般定期出版，出版周期在一星期及以内。大多以新闻和时事评论为主要内容，散页不装订。

报纸按内容可分为两大类。一是综合报，面向全社会发行。如共产党和民主党派的机关报、各地的晚报、综合性信息报、服务报、文摘报等。二是专门报。其中又可分为专门对象报，如工人报、农民报、青年报、少儿报、老年报、妇女报、军队报、侨报等；专业报，如经济报、科技报、教育报、文化报、政法报、体育报；专门行业报和企事业单位报，如化工报、汽车报、计算机报、宝钢报、上海交大报等。

报纸又可分为收费的和免费的两种。现在卖报的收入相对报社总收入来说微乎其微，21世纪初，《纽约时报》售价1美元，而平均每份报纸带来的广告收入达900美元以上。

与其他印刷媒体相比，报纸出版周期短、时效性强、价格低、发行量大、广告多。因而报纸可刊登新闻和时事评论，报纸的保存问题也让位于速度和经济性，至今仍主要采用粗糙的新闻纸印刷，同时散页折叠不装订。

与广播电视和新媒体相比，报纸在通俗性、逼真性、感染力、冲击力和获取的方便性上都较为落后，然而仍有相对优势：可随身挟带、随时随地阅读；可方便迅速地、跳跃式地选择性阅读；可反复阅读、从容品味思考和做标记，因而内容可以深入、复杂、思想性理论性强，受众的文化程度、社会地位较高。

现在报纸出现三重趋势：长篇、深度的报道和评论占比提高；免费提供；与新媒体结合。报社也相应转型，成为多媒体内容的提供者，而不只是新闻等内容的供应者。

3. 期刊的特点

期刊又被称为杂志，出版周期在一星期以上、一年以下，如周刊、旬刊、月刊、季刊等。由于新闻传播的时效性要求越来越高，现在成为新闻媒体的期刊只有某些周刊。

期刊在时效上不如报纸，但可对同一事件进行充分的材料收集和分析、写作，从而报道更深入、精到。在报纸进入"厚报时代"以后，期刊的这些长处又日益被厚报吸纳。

但期刊仍可利用其受众面窄、针对性强、内容选择精、印刷质量高、保存和查阅方便等特点，保持相对优势和开辟新的领域。

在国外，有专为17岁少女编的刊物就叫《十七岁》，还有专门为职业单身母亲编的 *Working Single Mother*。内容交叉也是期刊的细分方法之一。比如健康与美容结合、美食结合，文学与时尚结合。

活着，还是不活，现在成了许多报刊共同面临的问题。许多报刊的纸质形态有可能消亡，但报刊的内容不会消亡，或者说躯体不再，灵魂不死，可涅槃为网络报纸、手机报纸等其他形态。

4. 广播的特点

与报刊相比，广播的长处主要有：

（1）范围广。一是内容范围广，除了语言，还可兼容音乐、戏曲、广播剧等，数码广播还可兼容文字、图形。二是传播地域范围广，可传至交通不达的地方，或边境以外。三是对象范围广，不受年龄和文化程度限制。

（2）速度快。一是处理速度快，从采写到传送出去可很快完成，还可做现场直播。二是传播速度快。无线电波的传播速度为每秒钟 30 万公里，相当于绕地球七周半，与光波相同，比声波快 90 万倍，听众可同时收听。

（3）真实感强。一个著名的例子，就是有一次许多美国人听到火星人入侵的广播剧，信以为真，纷纷出逃。

（4）获取成本低。一是省钱，到达每个受众的成本比较低，可以免费，频率频道多、小众化。二是省时，听语言的速度快于看文字的速度，穿衣吃饭或做其他事情时也能收听。三是获取方便。一打开收音机就有，数字化自动搜台、录音、频率储存使接收更加方便。

（5）可"一心二用"，即非专注地接收，这使广播成为许多场合下唯一能使用的大众传媒，如厨房里、汽车里、车间里、商店里、用电脑时等。

与报刊相比，广播的短处主要有：

（1）易逝。电波转瞬即逝，受众难以仔细识记、推敲和思考，难以复听和保存。

（2）时序。节目按编排的时间顺序依次播放，受众只能被动地按顺序收听，不能自由选择或跳过不想听的内容。播放顺序不能符合所有人的口味，甚至无法符合大多数人的需要。

（3）不便于表达数字性和太复杂的内容。电波、语音的易逝，以及语音的模糊、一音多字，使其在传播数字性和抽象、深刻、理论性内容方面远不如文字。

（4）受众接收时比较消极。语音不如文字更能调动受众的思维和想象。

与电视相比，广播的长处主要有：

（1）成本低。制作、传播和获取节目的代价都比电视低得多。

（2）便捷。传者器材轻，录制简便，"出活"快，便于现场和即时报道。受者能随身携带接收器，越境传播和接收也比电视方便。

（3）"杂波"少。电视中，一些信息传播出去有时会干扰主体信息，犹如杂波，比如播音员的形象会影响收听新闻效果。而广播不是把现场情景全部"复印"出来，而是很有选择地叙述出来，便于概括和突出主要事物，同时又因没有画面，可使受众集中注意力。

（4）可以更好地进行非专注的接收。电视也可只听不看，被当作广播，然而电视中的许多语言、声音是与画面配合的，不看到画面会令人难以理解。

（5）留给受众的想象余地较大。电视图像往往限制了受众的想象空间，如听音乐更适于广播而不是电视。

与电视相比，广播的短处也是明显的。由于缺乏画面，逼真性、生动性不如电视，因而感染力、冲击力较弱。在单位时间内可接收的信息量也比看电视少许多。

广播应当充分利用自身优势和数字技术，开发特殊场合广播——如适合车间、汽车的广播，特殊用途广播——如国际广播，以及专门化的"窄播"——如音乐电台中的古典乐、流行乐、摇滚乐、爵士乐、乡村乐等各种专门电台。

广播与电视、互联网相结合也是世界性趋势。中国已经制定和正在推行广播与电视共星覆盖、共站接收、共缆传输、共同入户的发展战略。

5. 电视的特点

电视也有传播范围广、速度快、真实感强、获取成本低的长处。与此同时，又有易逝、按时序传播、不便于表达抽象深刻的内容、受众被动接收等弱点。

画面使电视比广播的信息量更大，真实感、艺术性、感染力更强。不仅由于画面的存在，还由于通过声、像、文字的组合，可产生特殊的效果。

"成也萧何，败也萧何"，画面对电视有利也有弊。使电视产生"杂波"——冗余信息较多，留给受众的想象余地较小。收看电视时也可"一心二用"——只听不看，不过电视"一心二用"的场合、效果都较有限。更重要的是，电视离书面文字更远，更难以表达抽象的内容，受众在接收时也往往更被动。电视还把受众更深地卷入表象之中，于是更容易产生负面作用。

此外，电视的制作和传播成本高、不便于进行专门化"窄播"。电视器材多、设备重、录制繁、"出活"慢，现场转播、即时插播都不容易。

电视未来在传送上要更趋于数字化和网络化，接收上则趋于大屏幕、移动化（包括通过手机、平板电脑、公交车等）和智能化。越来越多的人通过智能电视机或电脑、手机收看电视节目。他们可方便地在众多节目源中选择，因而电视节目竞争也将日趋激烈。

内容上，电视继续分众化和现场化，包括"公民记者"提供的现场内容和传媒机构的现场直播。同时利用智能电视开展多种服务，提高开机率。

电视节目的制作也在逐步转向新媒体机构和各种制作公司，电视台的制作优势将仅限于即时性、大场面内容，如新闻、即时评论和现场直播。

电视台仍会有品牌优势、公信力优势，在中国还具备政策优势，这可使它们继续以时事类节目向新媒体领域进军。

四、网络和手机媒体的特点

1. 网络媒体

1）性能特点

（1）无限容量。总容量无限，单个网站的容量和单篇文章的容量通过链接、跟帖等形式，几乎可以做到无限。

（2）无限时空。传播速度快，到达远；可实时、移动传送和接收。

（3）多媒体。文字、图片、音频、视频、动画等多种媒体形态可同时并存，相得益彰。

（4）多重方便。包括方便地搜索、链接、点播、复制、储存、转发、修改、发送、反馈。

2）应用特点

（1）综合与扩散。综合了人际传播、群体传播、组织传播、大众传播，点对面、点对点、多点对多点传播的特点。既可高度个性化，又可高度扩散化。不仅传播范围广，而且接收者往往通过网络再传播，形成多级传播、立体式"病毒式"扩散。

（2）虚拟与多元。虚拟主要指空间虚拟和传者虚拟。网络传播在Web 2.0 时代就有去中心化的特征，传统权威机构、主流媒体的昔日权威不再，舆论受到众多方面的影响。

（3）自由与自主。较少受制于传媒的物理性能和传播的社会环境。这有利于网络传播积极作用的充分发挥，又会带来控制难的问题，垃圾内容、不良内容、侵权内容多等问题。大量的商业性网站、个人网站比传统事业性的传媒有更大的自主性。网民在海量信息中自主地搜索、选择，既不受传统媒体把关人的限制，又不受广播电视线性传播的限制。

（4）方便与互动。由上述性能带来应用的方便性，几乎可随时、随地、随意地发送和接收信息。人们可方便地成为大众传播的传者，带来大量的自媒体，草根参与，山寨内容，P2P 或 C2C 传播。传者和受者经常互动等。

3）功能特点

从上述特点可看出网络媒体的强大优势，由此也带来强大的传播功能，并产生传统媒体没有的许多新功能。

（1）远程化、个性化、互动化带来新功能，使网络上的大众传播也可进行微内容传播、点对点传播，满足个别化需求，产生"长尾效应"[①]，信息传递、广告等宣传都可更加分群化、精准化，还可进行远程的群体传播，交互性和社交化传播，可开展网络调查、电子商务、电子政务等。

移动互联网又使这些新功能如虎添翼，仅微信客户端，就有私聊、群聊等信息工具功能；朋友圈、短视频等社交功能；小游戏等娱乐功能；微信购物、微信支付等商业、金融、生活服务功能。此外，微信公众号和小程序的功能更是包罗万象。

（2）自由和自主带来新功能。如带来传播的多元化、平等化、平民化，使公民新闻、公民评论大量涌现。在中国，网络监督特别火爆，2010—2012年，反腐案件首次在新媒体曝光的事件数量是传统媒体的 2 倍。同时，网上谣言也相当流行。2012 年中国 100 件微博热点事件中，出现谣言的比例超过 1/3，许多传谣者与事件并无利益关系。

2. 手机媒体

1）传播特点

作为网络媒体的收发终端，手机媒体具有网络媒体的各种特点。同时，手机媒体又有自身的特点，其最大的优点是小，最大的缺点也是小，加上智能化，产生了一系列传播上的特点。

（1）便捷。可随身携带，接收便利；可随时随地传播，及时收发信息；可方便地对信息进行采集、制作、选择、检索、储存、转发、评论。于是

---

① 统计学中，正态分布曲线中间的突起部分叫"头"；两边相对平缓的部分叫"尾"。市场上的大多数需求集中在头部，这部分可称之为流行，而分布在尾部的是零散、小量的个性化需求，这部分差异化的需求会在分布曲线上形成长长的"尾巴"。所谓长尾效应就是将所有非流行的市场需求累积起来，形成一个也很大，甚至比流行市场更大的市场。

大大增加了传播的自由度、自主性和实时性、互动性，也增加了随意性和扩散性。

（2）综合。手机综合了人际传播、群体传播、组织传播、大众传播的优势，综合了书报刊、广播电影电视和网络媒体的长处，使手机成为媒体的延伸，成为功能最多、使用最多的媒体，使传播交流的覆盖面既广又密，并呈现群体化倾向。

（3）碎片。手机把许多整块时间"切碎"，人们的活动不断被手机打断。与之相应的传播也往往是断断续续、零零碎碎的。

（4）个性化。一方面受传者可方便地进行个性化选择，另一方面传者可方便地进行个性化推送。

2）内容特点

上述传播上的特点必然带来内容上的特点。

（1）来源多。信息和意见快而新、广而全。许多内容没经过把关人的过滤，一方面鱼龙混杂，另一方面有许多反映民情民意和突发事件的稀缺内容。

（2）短而小。阅读和观看碎片化、小屏幕难以容纳长而大的内容，导致信息短小精炼，会有内容广而不深的问题。

（3）碎片化、肤浅化、娱乐化。手机传播可利用碎片化的时间，使其内容相应碎片化。因此容易产生肤浅化、娱乐化的问题。如今许多人也倾向于接收碎片、肤浅、娱乐的内容。

（4）个性化。手机使用户方便地进行个性化选择，传者方便地进行个性化推送，一方面使个性化的内容更符合受传者的需求，但也会带来信息传播范围受限、内容片面以及"信息茧房"和"意见回音壁"问题。

五、新闻媒介的特点

1. 一般特点

与其他大众媒介相比，以新闻为主要内容的媒介还有自己的一些特点。

（1）内容上，有较强的信息性和政治性。因而有较强的"必读性"，有较大的社会影响力。而新闻媒介的内容较易受到外部力量，如党政权力和经济权力较大的影响和制约。

（2）时间上，有较强的时效性，仅在一定的时间内有效，越及时效果越大。因而新闻媒介的制作和发布周期较短，并要尽可能快速地送达受众；一般是经常、连续、定期地刊载或播出，可做连续报道和讨论；保存问题往往让位于速度和经济性，报纸发展到今天仍只是用新闻纸和散页折叠。

此外，有些新闻媒体又有很强的生命力。一般产品有生命周期，包括导入、发展、成熟、衰退四个阶段。而不少报刊有几十年甚至 100 多年的历史，这是由于它们的内容在不断更新。

作为宣传工具时，新闻媒介还有时宜性，在不同的时机传播、突出或淡化不同的内容，会产生不同的宣传效果。

（3）消费上，一是短暂性，新闻媒介的时效性决定了其"寿命"不会很长，新闻媒介中的其他内容也大多是"快餐"式的，现在受众接收信息的渠道多，生活节奏、环境变化又快，许多新闻和其他内容很快就会成为受众已知的或过时的东西，而失去其价值。二是一次性，新闻对一个人来说，只有一次的价值，如果多次地反复接触同一则新闻，只会使第一次消费完整化，包括完善理解和记忆，因而新闻媒介的保存价值较小。三是相对性，新闻媒介对不同的消费者有不同的使用价值，某一新闻会对有些人很有用，对另一些人没有用，对某有些人有知晓作用，对另一些人却只有娱乐作用。四是共享性，可被无数人同时消费，因而消费者对新闻媒介一般只会单次购买和保存，报纸在一个地区的发行量不可能超过家庭总数。

（4）经营上，新闻媒介有独特的市场交换方式，为了获得更多的受众，以赢得更多的广告收入，新闻媒介可以低于成本价出售甚至免费。

2. 中国新闻媒介的特点

目前中国的新闻媒介主要有三个相互关联的突出特点：

（1）国有党管的新闻媒介是主体。目前中国的主要报纸是"党报"，它们都是综合性的、对开纸张的大型报，大多以"日报"命名，如《人民日报》《解放日报》《南方日报》《苏州日报》。广播电台、电视台相当于党报。在这些媒介机构中，一般由党委书记兼任社长、台长等。其他新闻机构也基本是在党的组织领导下工作。

（2）主要任务是做好党和人民的耳目喉舌。党要求其领导的新闻机构坚持党性原则，做好党的耳目喉舌。所谓党性，就是一个政党所固有的本性，或者说本质特征。无产阶级政党的党性，有四个基本特点，即阶级性、先进性、实践性和时代性。坚持党性原则，就是要坚持这些特点。党的新闻工作的党性原则，就是党性原则的总要求与新闻活动的具体要求相结合。

新闻传媒坚持党性原则主要表现在：把党的纲领作为总纲领，不公开传播违背党纲、党章的内容；积极宣传党的基本理论、路线和方针政策，不公开传播违背党中央或上级党组织决议的内容；反对危害党之人之事。

新闻传媒不仅要做好党的喉舌，还要做好党的耳目，帮助党了解社会，了解民情民意，了解政策的实施情况和得失，监督权力的行使。坚持做好人民的耳目喉舌，包括保障传媒对党政机构和人物的监督功能，有利于保障传媒服务于人民，做好党的耳目喉舌与做好人民的耳目喉舌相一致，有利于保障党始终代表人民利益。

（3）把宣传作用放在特别重要的位置。中国作为共产党领导的社会主义国家，其新闻媒介要宣传党的指导思想，宣传党和国家的路线、方针、政策，宣传改革开放和现代化建设的理论、成就、经验和先进典型，宣传新知识、新观念、新思想、新风尚。其对外传播媒介更是以宣传为主，以便让世界了解中国、让中国走向世界。

中国作为发展中国家，大众传媒要为经济和社会发展创造良好的国内外条件。目前国外许多人对中国了解还很少，还有一些人持有根深蒂固的偏见和敌对立场，时时丑化、诋毁中国，制造反华舆论。对外宣传关系到中国在国际上的形象，争取世界人心，保证对外开放的顺利进行，为国内的现代化建设创造有利的国际条件。

其实传媒掌管者都会通过传媒做宣传。不仅"美国之音"电台、英国广播公司之类的主办者是如此，一些私营媒介的"把关人"也会为老板和自己的利益、观念等做宣传。1990年11月29日，联合国安理会的表决为美国用武力把伊拉克逐出科威特开了绿灯，美国传媒大量报道；而联合国大会在一周后以144票对2票通过了一项决议，呼吁召开一个中东问题的国际和平会议，美国的新闻媒介则对此没有多少兴趣。其中一个重要原因是美国的主要新闻传媒大多由军需品的大承包商赞助、支持，甚至直接拥有。几乎每个主要传媒公司的董事会里，都有"国防"承包商的代表。美国的全国广播公司（NBC）的拥有者，是美国通用电气公司（GE）——美国最大的军需承包商之一。美国在海湾战争中所用的主要武器系统或其部件，几乎都由GE设计、制造或提供维修，包括"爱国者"导弹和"战斧"巡航导弹、鬼怪式轰炸机、B-52轰炸机、AWACS飞机、"航星"间谍卫星系统。NBC在电视上大肆称赞美国武器在海湾战争中的表现，等于在大肆宣传GE的产品。①

在西方国家，许多人对媒介宣传心存戒备，尤其将新闻宣传视为片面报道、左右视听之源，许多媒介机构尽量避免宣传色彩。

第二节　大众媒介的属性

一、一般属性

大众媒介的基本属性是其传播工具性，在运行和使用中又派生出一系列特性，或者说派生属性。

1. 公共性

从与社会的关系上看，大众媒介在公众中传播具有公共性。如新闻媒介是公众获取信息、表达意见、交流思想观点的工具，同时会对社会和公众带来影响。正是由于这种公共性，大众媒介可以成为现代社会中最重要的公共空间，可以在政治、经济、文化、社会中发挥很大的积极作用，同时也会带来很大的消极影响和破坏作用。因此公众和大众媒介机构都需要足够的传播权利，承担相应的社会责任，又都要有自律和他律。

2. 派生属性

从内容上看，大众媒介主要有以下派生属性：

（1）信息性。广义上说，信息是物质与能量的存在和运动所发出的各种讯号，以及观点、知识、经验等经过大脑处理的产物。信息与物质、能量并列，构成人类生存环境的三大基本因素。大众媒介中的内容都是信息，音乐、影像是流动的信息，也是信息。

---

① 谢金文. 海湾战争与美国新闻媒介的倾向性［J］. 国际新闻界，1997（6）：32-36.

从接收者的角度看，狭义上的信息是为减少或消除人们对事物了解、认识上不确定性的东西。新闻媒介上还有许多非新闻性的信息。可以说，大众传媒是社会信息系统的主渠道。

（2）文化性，包括知识性。大众媒介中有大量的文化性、知识性内容。即使是新闻，不仅有文化新闻，其他新闻也浸染着文化内涵。大众传媒是社会的文化装置，是社会文化系统的主要部分，对于弘扬先进文化和创造大众文化都有重要作用。

（3）意识形态性。所谓意识形态，就是"系统地、自觉地反映社会经济形态和政治制度的思想体系，是特定阶级或社会集团根本利益的表现，是社会意识诸形式中构成思想上层建筑的部分。表现在哲学、宗教、政治法律思想、道德、文学艺术等形式中。该词英文源自希腊文 idea（思想或观念）和 logos（理论或理性）。意为观念论或观念的科学"。[①] 意识形态存在于传播者的思想观念中，存在于传播意图和传播内容中，也反映在表现形式中，如报纸对政治性内容的编排处理，有的突出，有的弱化。

（4）政治性。政治是政府、政党、社会团体、社会势力在国家生活和国际关系方面的活动。政治的内容"包括处理阶级内部的关系、阶级之间的关系、民族关系和国际关系等。政治中最本质的是国家政权机构"。[②] 大众媒介经常被用于政治宣传、政见表达、社会整合、组织舆论、反映舆论、引导舆论、实现民主权利、实施舆论监督。大众媒介中的意识形态也有政治性。"意识形态的内容是社会的经济基础和政治制度、人与人的经济关系和政治关系的反映，是由各阶级（特别是统治阶级）中的一部分人、即所谓'意识形态阶层'制定的。"[③]

（5）经济性。与文化性和政治性一样，大众媒介的经济性也不仅仅存在于经济信息、经济评论、经济论著中，其他内容也会有经济含义、经济意图、经济影响。在和平时期，经济性是受众接触大众媒介的重要原因，是传媒提高"必读性"（包括广播电视的必听性、必看性，下同）的有力法宝。

①　冯契. 哲学大辞典［M］. 上海：上海辞书出版社，1992：1678.
②　冯契. 哲学大辞典［M］. 上海：上海辞书出版社，1992：1142.
③　冯契. 哲学大辞典［M］. 上海：上海辞书出版社，1992：1678.

3. 商品性

从流通上看，大众媒介有商品性。与其他文化商品一样，大众媒介的商品性是在市场交换时体现的属性。

4. 其他属性

从作用上看，大众传媒有告知性、交流性、宣传性、指导性、教育性、学习性、服务性、消遣性等等。

以上这些派生属性并非所有大众媒介都具有，而是因媒介而异，有的多些、强些，有的少些、弱些，有的有这几种，有的有那几种。如有的只是提供简单的、某一方面的信息，如汽车、房地产等信息，没有政治性；有的只是政治宣传或对外宣传品，如时事消息没有商品性。但大多数公开传播的大众媒介产品，或多或少兼有上述几种属性。

在中国的新闻媒介中，政治是领导一切的，信息是包容一切的，文化是渗透一切的。商品性是既要利用又要控制，需综合把握这几个属性，使其互补长短，各得其所①。

从所有权看，大众媒介有国有的、公有的和私有的之分。这对各种媒介的属性有很大的影响，如有的政治性很强，有的商品性很强。

中国的大众媒介是社会主义政治和文化事业的一部分，以国有党办为主体。目前正在进行市场化运作、产业化发展、企业化转制的改革，但主要传媒机构仍然是事业单位。

二、商品性和商业原则

1. 商品性

大众媒介的商品性与中国目前传媒业的改革和发展关系很大，也是传媒产业化运作的基础。

所谓商品，就是用来交换的、具有价值和使用价值的劳动产品。

大众媒介显然是劳动产品，具有价值和使用价值。在现代社会中，大众媒介产品绝大部分是用来交换的。如报社以报纸及其广告版面（广告是一种服务产品）换得生存和发展所需的资金。

---

① 梁衡. 论报纸的四个属性（三）[J]. 新闻出版交流，1996（3）：11-12.

大众媒介产品的价值也是凝聚在其中的人类劳动，包括形成传播内容的劳动，形成传媒物化形态的劳动，发行、传输等价值实现过程的劳动，以及管理、营销等构成其他成本的劳动。其价值量也是由社会必要劳动时间决定的，其中脑力劳动的价值量的计算方法可按复杂劳动的付出量计算。

大众媒介的使用价值有三种。一是对整个社会而言，可用来传播信息、交流思想、宣传教育、舆论监督、整合人心、集散知识、提供娱乐等。二是对传播者而言，主办者可用来进行宣传、指导、教育、服务乃至赢利；广告客户可用来树立企业和产品的形象、发布商品信息、影响消费者的观念和行为等。三是对受众而言，可用来获取信息、了解世界、吸收知识、表达意见、享受艺术和娱乐等。

显然，大众媒介作为商品的使用价值，主要是对受众和广告客户而言的使用价值。对受众的使用价值又是最根本的。

传媒的主办者、广告客户、赞助商等出资者也是受众，传媒也要设法让它们满意。如果出资者只从自己的需要出发"自说自话"，而不顾受众的需要，传媒经营者以为只有出资者才是经济效益的根本，就会在经营中颠倒主次，忽视受众，甚至不能抵制金钱对内容的干扰，搞有偿版面、有偿新闻等。最终必然降低对受众的吸引力，被受众所抛弃，"皮之不存，毛将焉附"，其他种种使用价值也就无从谈起了。

大众媒介的商品性并不是与生俱来的。在没有市场经济，也没有广告的时代，或集权控制者不允许大众媒介存在于市场上交换的环境中，大众媒介仅通过赠送、公款支付等方式流通，这时就不是交换品，没有商品性。

即便是现在，有的大众媒介仍是用于某种特殊目的的宣传品，不收费也不带广告；有的虽收费，但收来的是公款，实质上是一种公有物资的流通结算；有的付费是不含交换目的、纯粹赞助性的。这几部分都不属于市场交换，相关的媒介也不属于商品。

然而现在绝大部分大众媒介是以等价交换的原则，进入自由自愿的交换，不论是自费购买，还是企业、团体等机构购买，也不论是向受众收费还是不收费。许多免费或半免费的媒介，只是通过获得更多的受众来换取更多的广告收入。

2. 商业原则

商业原则就是以价值规律为基础的利润原则，谋求利润的最大化。

通过交换实现流通的大众媒介，也遵循价值规律，其核心是等价交换原则。大众媒介的交换价值，是销售、广告等收入的总和。其中，媒介销售收入（不含广告等收入）所需的实际成本，应为媒介制作、营销等成本。

对广告收入来说则反之，其实际成本除了广告制作、营销等费用外，还要加上媒介销售或赠送带来的亏损。

三、私人物品性

大众媒介是公共物品还是私人物品？应以怎样的方式提供大众媒介？这些问题关系到对大众媒介的基本认识，以及在此基础上的制度安排，关系到传媒事业的改革和发展。

有人认为，大众媒介很重要，有公共性，由私人机构提供会有许多弊病，因此应当作为公共物品。[1] 有人认为，媒介中的新闻内容是公共物品，新闻媒介是把新闻传播作为一种公共服务，免费或半免费地向社会大众提供，应当由社会管理机构动用公共资源来进行生产和分配。[2]

实际在现代社会中，绝大多数大众媒介是私人物品。新闻媒介实行免费或半免费，只是其特殊的市场交换方式使然，与是否为公共物品无关。公共物品和私人物品的提供方式各有利弊，能作为私人物品提供的，还是以私人物品的方式为宜。事业型传媒的改革，也要重视私人物品的运行规律，尽力提高市场竞争力。

1. 公共物品、私人物品和混合物品

所谓公共物品（public goods），是指人们生存与发展所必需的，主要由公共机构（如国家、政府或社会团体）以社会的公共资源提供的，社会成员都能按规定享用的物品（包括设施、服务等）。

纯粹的公共物品有两个基本特点。一是非竞争性（non-rivalrous

---

① 马锋. 新闻"公共物品"论——一种经济学视野下的考察［EB/OL］.（2006-09-29）［2018-07-23］. http://media. people. com. cn/GB/22114/42328/71800/4875288. html.

② 宋建武. 论新闻媒介的双重性质［J］. 新闻与传播研究，1997（1）：30.

consumption），即每个人的消费并不减少该物品对其他使用者的供应，或边际生产成本和边际"拥挤"成本为零；二是非排他性（non-excludability），即不应、不能或很难排除某一部分人对该物品的消费享用。有时这种排除虽在技术上可行，但在经济上得不偿失。

比如国家的法律、制度和公共政策，国防、外交、司法等公共职能，公众可免费使用的公共设施和公共财产，社会治安、公共卫生、义务教育等公共服务，失业保险、养老保障、低收入补助等公共保障，以及基础研究、农业补贴、出口资助、政府管制、宏观调节等都属于公共物品。此外，水、阳光、空气等自然物品（free goods）也可被视作公共物品。

私人物品（private goods）的消费具有竞争性和排他性，可通过市场交换的方式，让人们付费获得，如各类商品和商业性服务。

还有许多混合物品。它们的排他性也比较小，但边际生产成本和边际"拥挤"成本较高，一般由政府与私人共同提供。如政府资助或政策优惠的科学研究、医疗服务、廉价住房、高速公路等。

之所以存在公共物品或混合物品，除了它们对社会和公众不可或缺，还因为仅以私人物品的方式提供不了或提供不好——由于无法收费或收费行为本身的成本太高；还有存在"搭便车"（Free-rider）现象，即许多消费者等着他人去购买，自己不掏钱顺便享用；许多人因对有关物品的重要性认识不足而不愿付费，等等。

因此，公共物品是市场无能为力的物品，需由政府等公共机构负责提供。

但公共物品或混合物品的提供方式也有许多弱点。要消耗社会的公共资源；市场功能缺位、经济规律失效；责、权、利分离，缺乏竞争压力和创造动力，以至成本高、效率低、质量差、浪费多、服务意识淡、水平低；官僚主义、权力寻租、假公济私、贪污腐败严重。

反之，私人物品的提供方式也有许多长处。可调动社会各方面的力量，节省社会公共资源，减轻或免除政府的负担；可利用市场机制，优化配置资源；责、权、利联系紧密，成本低、效率高、质量好、浪费少、服务意识强、积极发掘和满足社会需求；可避免公共物品产生和分配过程中的腐败等。对新闻传媒来说，还可在经济上独立，能大胆监督权力。因此只要以私人物品的方式提供得了和提供得好，当尽可能作为私人物品。

公共物品、私人物品和混合物品的范围、程度和提供方式，是经济、政治、社会、历史、文化、传统、自然等多因素共同影响的结果，因而也是不断发展变化的。这种发展变化并不是单向的，随着社会的发展和技术上出现新的可能，也有不少公共物品转化为私人物品。原始社会的生产资料、生活用品都是公共物品，现在绝大多数成了私人物品。

对一个社会来说，要根据社会需要、各种物品提供方式的利弊和实现条件，包括经济水平、文明程度、行业发展等，进行恰当的选择。

2. 今日大众媒介基本是私人物品

西方最早的大众媒介之一、古罗马帝国的《每日纪闻》是公共物品，由当局在罗马议事厅外，用涂上石膏写上字的木板，每日公布元老院的工作。中国古代的邸报最初也是公共物品，由官方制作和官费抄传，但只在官僚机构内部流通。

后来西方的手抄报纸《威尼斯小报》就已是市场上买卖的私人物品了。中国的邸报后来很大一部分也进入了市场，成为私人物品。

许多大众媒介的消费也有非竞争性和非排他性的特点，尤其是广播电视。有人据此认为它们也是公共物品。

然而，有许多私人物品也有非竞争性或非排他性的特点。如没有客满的公园、火车、电影院等，多增加一定数量的新顾客并不影响其他消费者的使用，这时就没有竞争性。非排他性的情况也有许多，许多人在书店看书而并不买书，使用商场的厕所、乘坐超市的免费班车而并不购物，不能认为这时的书店、商场等就是在提供公共物品。

许多大众媒介提供的并非市场无能为力提供的物品；相反，不仅当今世界上绝大多数大众媒介都是通过市场提供的，而且还有市场化范围扩大、程度提高的趋势，如西方广播电视的私有化。中国大众媒介走进市场以后，经济效益和传播效率大大提高，媒介的吸引力、感染力和大众的满意度大大提高，尤其是那些市场化程度较高的媒介，如报业中的晚报、都市报，它们的社会效益也得到了相应的提高。

大众媒介有多种功能和作用，可满足不同的需求。有些媒介主要以满足社会的公共性需要和公众的基本性需要为主，如社会的公共宣传需要、个人了解环境的需要，它们可作为公共物品，如中国农村的有线广播。也可作为混合物品，"民办公助"，贴本经营。而更多的是作为私人物品，如许多公有传媒以市场化的方式运作，资源从市场上获得，价值从市场上实现，许多私有传媒也以履行社会责任为追求或生存发展之道。

还有些媒介主要是满足私人性和超额性需要的，如许多消费类、娱乐类报纸，基本是私人物品，虽然提供者既有公有机构也有国有机构。

满足各种需要的内容往往在同一个媒介中，如综合性报刊和广播电视节目。这些媒介产品大多数也是私人物品性的。政府可以资助其刊播公益广告、对外宣传节目等，并要求其提供其他有益于社会和公众的内容。在媒介环境较为成熟的地方，提供有益于社会和公众的内容也有利于传媒的品牌形象和经营业绩。

在西欧一些国家和加拿大等英联邦国家，报刊基本上是私有的，而广播电视过去基本上是公有或国有的，主要由国会、教育部门、社会团体等提供资金，不播或很少播放广告，实际上是以公共物品的方式提供和管理。从自由主义媒介理论来看，这是奇怪的，自相矛盾的。加上美国的广播电视则与报刊一样，基本上也是私有的，许多西方学者更感迷惑。

如果从公共物品的角度来看，就比较容易理解了。

广播电视影响很大，尤其是对于占人口大多数的低收入人群，其影响远远大于报纸，而过去广播电视的成本相对来说较高，人们的传媒素养较低，政府也希望能够控制广播电视，种种因素合在一起，便使那些国家采取了公共物品的提供和管理方式。

后来由于各种社会因素和传媒因素的改变，上述西方国家的广播电视也出现了变化。公共性资助逐渐减少，节目销售、广告经营逐渐增多。到了 20 世纪 80 年代以后，欧洲和加拿大等国产生了广播电视私有化的浪潮，公有台有的转为私有的，有的逐步采用私有台的经营和管理方式，其节目在很大程度上也具有私人物品性质，同时又新出现不少私有台，从而形成了公有台和私有台并举的格局。

有一种观点认为，大众媒介中的文艺等内容属于非公共物品，而新闻内容则属于公共物品。

西欧北美一些国家过去也认为，在娱乐性电视节目的激烈竞争面前，新闻节目会被挤出市场，因而要求电视机构必须播放一定数量的新闻节目，既然这些机构占用了公共的电视频道资源，这实际上也就是把电视新闻节目作为公共物品，必须强制规定各种电视机构提供，包括私人的机构。于是"上有政策、下有对策"，有的电视台以体育新闻充数，有的电视台把新闻节目放在半夜以后播放。后来电视的发展，尤其是商业性的美国有限电视新闻网（CNN）24 小时全新闻电视大获成功，证明了电视新闻节目也能以私人物品的方式提供。

其实大众媒介的市场价值，包括广告版面和时段的价值，是由媒介中的所有内容共同创造的，其中新闻的功劳往往还特别大，尤其是对媒介的必读性（包括必看性、必听性）和受众的社会层次、接触深度的贡献。

3. 重要性、公共性、外部经济和不经济问题

把新闻媒介作为公共物品的理由还有：新闻媒介对社会和公众都很重要；新闻媒介会有较大的社会影响，有较大的公共性；新闻媒介会产生较大的外部经济和外部不经济问题。

所谓外部经济，就是某种产品或服务的供应使他人（包括使社会）受益，而供应者却得不到足够的补偿。在这种情况下，供应者会缺乏积极性，相应的物品就会得不到充足的供应。外部不经济则相反，供应者获益而他人受损。这种情况下供应会不断增加，但他人的损失也相应增加。新闻媒介的社会效益并不总是能带来相应的经济效益。市场又会诱使传媒低俗化、煽情化、重刺激、重炒作，传播虚假新闻、广告新闻，进行不正当竞争等。这些就会带来外部经济和外部不经济问题。

然而，这些都不足以成为把新闻媒介当作公共物品的充分理由。

粮食、药品等也很重要，也会产生较大的外部经济和不经济问题。前者如囤积抬价、谷贱伤农，后者如贿售坑钱、假药坑人等情况，也都很糟糕。我们曾尝试过把粮食作为公共物品，现在它们仍都是私人物品，通过政策法规、政府作为来解决其外部经济和不经济问题。

至于公共性，也可以与私人物品的提供方式保持统一。邹韬奋当年是把《生活周刊》等作为社会公器来办的，而在报刊市场上的平均每期发行量独占鳌头，达到全国第一。现在西方也有不少私营报刊起到了公共空间、社会公器的作用。

确实，市场在不少情况下会失灵。市场不能自动解决宏观、长期发展目标问题，不能充分满足公益的需要，还会引导传媒片面追求经济效益，放弃社会责任。但我们可以采取宏观调控、市场管理、社会引导等办法，

通过法制、行政、经济、社会调控等手段加以对付，辅之以必要的政府补贴、政策优惠乃至创办个别公共物品性传媒的措施。

关键在于，传媒的社会效益与市场化的运作、经济效益的追求虽有冲突的时候，也有相辅相成的一面，服务公众、服务社会与市场化运作是可以取得一致的。如前所述，市场化运作、经济效益的追求对社会效益有很大的积极作用，反过来，社会效益也可带来种种直接或间接的、即时或长期的经济效益，包括获得公众的选择和广告主、资助机构、政府部门等的支持。

第三节　大众媒介的提供方式

一、提供方式的权衡

既然公共物品主要由公共机构（如国家、政府或社会团体）负责提供，私人物品主要通过市场提供，如果媒介是公共物品，那么应当由社会管理机构动用公共资源来进行生产和分配；[①] 而如果绝大多数媒介是私人物品，就更需要探索传媒的市场化运作、产业化发展和部分传媒的企业化转制。

反过来，从何种方式提供媒介，可推导出应把媒介当作什么物品。

大众媒介作为公共物品，也有许多问题。主要表现为：

（1）许多事情不宜由社会管理机构直接包办。现在提倡小政府大社会，正是基于许多经验教训得出的。上述公共物品或混合物品提供方式的弱点，私人物品提供方式的长处，在大众媒介领域同样存在。

（2）有权动用公共资源的机构是社会的重要权力机构，应受到媒介的有效监督。而如果媒介的经济来源由其监督对象所决定，其监督的有效性则会大打折扣。

（3）如果管理机构的意图有错失，进行了不当的信息封锁、错误的宣

① 张健. 新闻生产的时效、利润与制度选择——对美国新闻业私营企业制度的经济学阐释[J]. 新闻大学，2006（01）：109－112.

传指导，那么实施和放大这些错失的媒介就会产生很大的负面作用，尤其是所有媒介都为这种错失所控时。

（4）大众媒介一般可以从市场上获得足够的经济回报，能不动用有限的公共资源，尽量不要动用。

在计划经济时期，中国的新闻机构是纯事业型、机关化的，其媒介产品基本是作为公共物品提供的。公费办报、公费订报，不刊不播商业性广告。上述许多问题也接踵而至。忽视新闻规律、传播规律、经济规律，忽视社会的交流需要和受众的获知、表达、娱乐需求；不适当的权力干预过多，工作效率不高，积极性、主动性、创造性不足。以至媒介内容和形式单调，新闻性缺，可读性差；信息和意见交流不畅，对上级指挥的错误或失误非但不能及时纠正，反而会推波助澜，舆论监督更是困难；经济损耗大，给国家带来日益沉重的经济负担。

1978年以后，中国传媒机构逐步实行企业化管理。一方面仍有上级主管部门，享受一定政策下十分稀缺的频道、刊号等资源，以及不同程度的退税等优惠政策，有提供公共物品的义务，如提供内参资料、对外宣传内容等；另一方面实行自主经营、自负盈亏、自我积累、自我发展，国家逐步取消对新闻机构的拨款。

与此相应，传媒机构逐步进行市场化运作。报刊发行从以公费对象为主转向以自费市场为主，广播电视的商业性广告从无到有，迅速增多。同时利用市场的供求机制、价格机制和竞争机制，资源从市场上获得，效益在市场上实现。大众媒介的私人物品性日益增强。

这不仅大大优化了资源配置，提高了经营管理水平和经济效益，还优化了媒介布局，提高了媒介质量。促使传媒加强受众观念、质量意识和服务意识，关注、发掘和满足受众的需求，更贴近实际、贴近生活、贴近群众，更有针对性和吸引力、感染力、影响力，并在一定程度上克服唯上唯权、无视群众等痼疾；促使传媒管理科学化、工作高效化，积极性、主动性、创造性有更好的解放和发挥；促使传媒提高国际竞争能力。

这里有两点需要说明：一是以私人物品的方式提供，并不等于完全由私人机构提供。二是通过市场提供物品，并不等于完全以市场为导向。市场有失效之处，国家也会对许多其他私人物品的供应进行宏观调控。

尽管如此，以私人物品的方式提供媒介也仍然会有副作用，会产生低俗化、逐利化等问题。但相对说来，以私人物品的方式提供媒介时，产生的问题影响较小，也较容易通过政府的政策导向和社会调控加以引导和限制，而以公共物品的方式提供时，产生的问题会比较严重，会比较难以克服。

目前中国传媒业实行政事分开和政企分开，借鉴现代企业制度，进行市场化、产业化运作，正是为了防止和纠正公共物品方式带来的许多问题。

二、关于免费或半免费提供

公共物品一般免费或半免费向公众提供，广播电视基本全免费。有人据此认为这些媒介是公共物品。

实际上，当今世界上绝大多数的大众媒介，都是以私人物品的方式提供的。这些媒介大多通过获得广告收入来经营，这与公共物品免费或半免费的性质是完全不同的。

许多媒介一般进行双重出售，既卖媒介产品，又卖广告版面或时段。再深入分析，这双重出售实质上是连锁出售：通过第一重出售得到了受众的注意力，产生了广告与受众接触的机会，而又预先把第二重出售品卖给广告客户。那些广告的价格，其实就是这种接触机会的交换价值。

这种交换价值主要由两个因素决定：一是第一重出售的结果——受众的数量、成分（成人、儿童、白领、某种爱好者等）、接触深度（关注度、信任度、接受度等）；二是替代品，即类似产品（包括广告服务）的市场供需状况。许多报纸的零售价和有线电视的收费远远低于其成本，只是通过这第一重出售的价格争取获得更多的受众，或者说获得第二重出售品的更高价值。

从大众媒介的历史和现状来看，可以通过市场获得经济来源的媒介机构，都设法从媒介产品的销售中得到尽可能多的收入。中国的新闻媒介机构也已有很大的定价自主权，并非由于社会的限制或媒介的自律而免费或半免费地提供传播服务，而是按其所处产业的经济规律和自身所在的经营环境和执行的战略策略等来制定价格的。报纸的定价只能综合考虑市场供需、报纸价格和发行量、广告价格和广告量等因素及其相互关系，取一个利润最大化的理想值。而这个理想值又往往在报纸零售价低于产销成本之处。广播电视也是如此，加上技术上和习惯上的原因，无线广播电视只能采取不收取视听费的方式。而既能克服技术和习惯，又能以"窄播"优势和收视质量赢得观众及广告客户的有线电视，则照样收费。一些具有地区垄断性、销售强制力的报刊，往往是能多贵就多贵。

免费媒介的受众也是有付出的。其直接付出的是时间和精力，间接付出的是购买某种产品或服务，支持广告主的某种思想或行为。

第四节　传播力和影响力及其提升

传播力使内容被接收，影响力使内容被接受。传播媒介的传播能量和有效性决定其传播力，进而带来竞争力和影响力。现在传媒的市场化、数字化、新媒体化，使传播力和影响力越来越需要通过遵循、利用市场内在规律来获得。新媒体对媒介的传播力、影响力有特殊作用，关键在于降低受众的时间成本和精力成本，满足受众的内容需求和形式需求。

一、传播力——影响力之源

传播力是实现有效传播的力量，体现了传者能力。

传播是从信息源、传者、内容、媒介、受传者到产生效果乃至引起反馈的过程，传播力不仅仅是传送的力量，更是传播能量和传播有效性的乘积。

1. 传播的能量

传播的能量取决于传者。因素有：① 传播实体——机构及其人员；② 硬件——设施和装备，其提升对各大竞争主体来说并不太难，但其利用率则会有很大的差异；③ 经营和管理等，表现为传播的数量和速度、广度和深度、密度和频度。

传播的能量并不等于传播力和影响力。有时虽传播出去了，但并没有被接收，如许多公费订阅的报纸并没有被打开，许多网上内容并没有被网民点击。

2. 传播的有效性

传播的有效性很大程度上取决于传播媒介的质量和声誉、传播的方式和方法，同时又与传播环境，包括接收方的因素相关，最终表现为到达率、吸引力、说服力、感染力和影响力。

（1）媒介的质量和声誉。传播媒介的质量主要取决于内容和形式，也包括制作和传输质量。

内容质量包括专业性、正确性和针对性。专业性主要指新闻专业化、评论内行化，如信息量大、新闻价值大，全面客观公正程度高，可靠性、深刻性、有用性强。

任何内容都有形式。传播媒介的形式质量主要表现为可读（视、听）性。

传播效果要通过不同的人而产生，内容和形式的针对性也是媒介质量因素。这种针对性不仅仅是迎合，还包括引导和创造受众需求。网络时代的传播对象可比以前更加细分化，从而产生更有针对性的传播质量和影响力。

媒介的制作和传输质量除了清晰度高、失误率低，还包括符合受传者的接收习惯，如有的要"高大上"，有的要低成本。

媒介传播的有效性和影响力还受制于媒介声誉，包括公信力、权威性、美誉度。它们主要由媒介的总体质量带来，也受制于服务和营销水平。

（2）传播的方式和方法。传播方式的快速化、专门化、互动化、贴身服务等，都可提高传播的有效性。传播方法和技巧包括摆事实和讲道理，先入为主和后发制人，因势利导和欲擒故纵，等等，适当的选用也可提高有效性。

（3）传播环境。传播的宏观环境——自然、人口、政治、经济、文化、社会、国际等大环境，对传播的到达率和效果都会有很大影响。

传播的微观环境——市场、中介机构、竞争者、受传者等，对传播的有效性更是有直接影响。

仅受传者的因素就有身份、经济、文化、思想、心智、能力等差异，性格、形象、健康、需求、经验、传媒素养等差异。媒介质量、传播方式方法的好坏，影响力的有无，都是因人、因时、因地而异的，对一个文盲而言，再好的文字也没有传播力和影响力，远不如一幅简单的图画有质量。其他传播情况也是如此。因此有效传播的能力包括能因人、因时、因地制宜地传播。

影响媒介传播力的主要因素如图 2-1 所示。

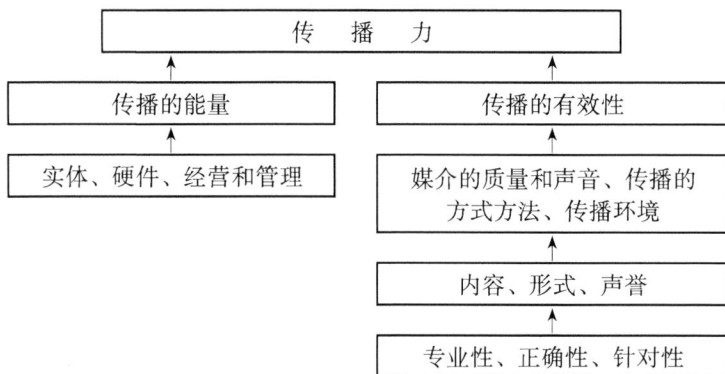

```
                    ┌─────────────────────┐
                    │      传  播  力      │
                    └─────────────────────┘
                      ↑                 ↑
        ┌──────────────────┐   ┌──────────────────┐
        │    传播的能量     │   │   传播的有效性    │
        └──────────────────┘   └──────────────────┘
                ↑                       ↑
        ┌──────────────────┐   ┌──────────────────┐
        │ 实体、硬件、经营  │   │ 媒介的质量和声音、│
        │    和管理         │   │ 传播的方式方法、  │
        │                   │   │   传播环境        │
        └──────────────────┘   └──────────────────┘
                                        ↑
                                ┌──────────────────┐
                                │  内容、形式、声誉 │
                                └──────────────────┘
                                        ↑
                                ┌──────────────────┐
                                │专业性、正确性、针对性│
                                └──────────────────┘
```

图 2-1　媒介传播力的主要影响因素

图 2-1 中构成传播力的各项因素，可作为考察、测量传播力的具体指标。而如果仅用一个指标来综合反映传播力，则可以是传播的到达率。

二、媒介的影响力

媒介的影响力就是对各种人和事（包括人群、组织机构、社会现象和活动等）产生影响的作用力，直接表现为强化、弱化或改变传播对象的注意和认知、思想和情感、态度和行为，进而影响到人的各种素质和能力，社会的各个层面和领域。[①]

影响力的前提是传播力，传播只有到达了传播对象，才能产生影响力。如果止步于到达，则表明还没产生影响，甚至产生了相反的效果，如逆反心理。

因此，影响力还要在传播力的基础上继续向前发力，使传播不仅被接收，而且被真正接受，并产生一定的影响效果。因此影响力的构成除了传播力，还有构成传播媒介质量从内容到形式的一系列元素。

不能仅把传播力作为影响力的测评指标，更要用接受度，包括强化、

---

① 谢金文. 新闻学导论 [M]. 北京：清华大学出版社，2014：138.

弱化或改变注意和认知、思想和情感、态度和行为的程度。

传播媒介的影响力不是强制性的，但又可以十分强大，有时会胜似强制性，如媒介监督可产生很大的舆论压力，令某些官员"不怕上告，只怕见报"。

媒介的影响力经常受各种政治、经济文化等因素左右，包括政党、政府、企业、个人等的制约、控制、利用。在少数人掌控媒介影响力的情况下，这种影响力容易被滥用，损害社会和公众的利益。对社会，政府要能够掌控；对政府，公众要能够掌控；对公众，理性要能够掌控；能在很大程度上影响公众理性的新闻媒介，就不能被部分人完全掌控，不论是少数人还是多数人，而要用法律保障公民的传播权，保障传媒影响力不离人民之手。

三、新媒体、移动传播与传播力和影响力

1. 新媒体与传播力和影响力

数字化新媒体的传播容量、时空和手段几乎无限，而且传播层级也几乎是无限的，这大大加强了传播能量。

新媒体不仅提升了媒介的传播能量和有效性，还使各种媒介的传播力和影响力在总体格局中的地位重新洗牌。传统媒体去中心化，乃至边缘化；新媒体争奇斗艳，夺人眼球，还兼并众多传统媒体；博客、微博等"自媒体"异军突起，有些已有很大的影响力。

新媒体融合了人际传播、群体传播、大众传播，融合了报刊、广播电视、网络、手机等多种媒介，使媒介传播力和影响力可借助其他传播、其他服务，如新浪网的新闻网页可由新浪博客、微博、邮箱等带来更多的受众。

新媒体的使用还带来许多新功能，如社交功能和长尾效应，这些都能提升传播力和影响力。内容和形式高度贴近传播对象的个性化需求，也是许多新媒体的传播力、影响力较强的重要原因。

媒介的使用成本中，时间和精力占很大比重，方便性十分重要。我国一些商业性网站或App，如腾讯、新浪等，尽管缺乏第一手重要新闻的采访条件，但其新闻内容的点击率仍很高，很大程度上是由于用户同时在使

用他们的其他服务。

2. 移动传播与传播力和影响力

移动传播将各种传播乃至购物、娱乐等融合在一起，传播力受到其他诸多因素的影响，包括平台的有用性、内容的社交性、用户的心理因素等。

（1）传播能量的作用有所下降，有效性的作用有所上升。传播的覆盖面再广、频度再高，若得不到移动用户通过转发、评论等各种形式的再扩散，其传播范围仍有限。

（2）传媒声誉的作用有所下降，"意见领袖"的作用有所上升。人们得到的信息往往是经过了一再的、多级的传播，不是来自始发的传媒，原始出处还往往无从查考，人们更关注内容本身和转发、评论者的可信度。

（3）时宜性、重复性等宣传要求的作用有所下降，新闻价值的作用有所上升。移动用户包括信息的扩散者和主动选择者，一般不考虑信息扩散和接受的时宜性，也基本不会主动重复。而新闻价值是受传者追逐的对象，移动传播大大方便了追逐者，也就大大提高了追到的可能性。

四、提升传播力和影响力

影响力是以传播力为前提的，而传播力是传播能量和传播有效性的乘积，其提升也就要在这两方面下功夫。传播的有效性又需从传出和接收两方面来提高。

1. 按照新闻规律，提高公信力

新闻规律包含内部规律和外部规律，一般规律、普遍规律与特殊规律、具体规律，衍生和反映为一系列要求和方式方法。公信力就是使公众信任的力量。新闻传播、新闻媒介的公信力是指其可信任、可依赖程度带来的令人信任的力量，与其传播效果成正比，主要源于其专业性和权威性。

目前事业性新闻媒体在权威性上有优势，而在专业性上还有待提高。商业性新闻媒体则由于资质和人才问题，以及过于追求经济效益，专业性和权威性都还不够。

对此，需要尊重和利用新闻规律。首先要尊重规律，不合规律的传播是无效或负效传播，改变不懂规律的指挥、不想懂规律的唯上唯权、忽视规律的新闻教育和研究。

而要利用好规律，则首先要认识和掌握规律，了解什么是新闻、什么是新闻价值，它们有什么作用、怎样起作用，了解一系列反映规律的有关特点、要求和方式方法。

2. 按照传播规律，提高有效性

传播受到主客观因素的影响。主观因素包括传播主体（传者和受传者）的需求和心理、知识和能力，客观因素包括传播的环境和条件、成本和方便性。传播规律主要就是这些因素的作用规律。

传者可针对这些因素采取措施，提高传播的有效性。包括但不限于以下两方面：

1）尽可能满足多种需求

传媒稀缺时代是卖方市场，以传播的发送者为中心，而传媒过剩，尤其是移动传播时代是买方市场，要围绕接受者的需求，尽力予以满足；接收者有多种需求，可通过传播融合、行业融合满足接收者的多种需求，增加被选择的机会。

2）尽可能提高传播媒介的吸引力

（1）加大信息量。这不只是简单地使媒介的信息性内容增多，或使报道短而多，还要注意各篇稿子、各个句子的信息量。尽可能简练，去废话；实在，去空话；具体，去大话。这里的"大"指概念之大，如"日前""某地""某人"。信息是用以减少或消除事物不确定性的东西，越是具体，就越能消除不确定性。

（2）提高信息的质。主要为提高新闻价值，提高真实全面客观公正程度和提高针对性。

新闻价值是事实本身所包含的使新闻对受众有知晓意义的素质，通常能引起人们的共同兴趣，包括新鲜性、重要性、显著性、接近性、趣味性、有味性。真实是基本前提，而新鲜则是必要素质。新闻价值的大小，与所有这些素质的多少、强弱，能引起共同兴趣的广度和深度，都直接相关。

新闻价值的大小因人而异，具有相对性。有的新闻对某些人很重要，对另一些人则不太重要，或根本不重要。新鲜性、有益性、趣味性等也是如此。选择和处理新闻时，以谁的标准为主呢？在一般情况下，当以传媒的目标受众为主。然而，许多受众一时并不能充分意识到信息的重要性和有益性，需经过一定的时间，经过传媒的努力，才能逐渐看清。因此在重要性、有益性方面，有时又需以传者的判断为主，但此时也要尽可能以受众感兴趣的方式进行处理。

针对性强，"适销对路"，也是产品品质的一个方面。随着媒介种类的增多，受众和广告客户越来越倾向于选择针对性强的媒介。

（3）提高独特性。个性化程度高，特色强，就能以差别化吸引读者。这也顺应了媒介产品的需求个性化、市场细分化、对象"小众化"的趋势。

就单个新闻报道而言，现在任何新闻价值较高的事物都会激起许多雷同的报道。然而一个事物可有多种多样的信息，产生多种多样的新闻。提高新闻的独特性可以采用具有独特的视角、独特的层面、独特的部分。

（4）做好群众喉舌。为群众讲话，让群众讲话，在反映民意和舆论监督方面表现出色，总是会深受广大受众的欢迎，在舆论监督较少、较难的地方更是如此。以舆论监督著称的《焦点访谈》是中央电视台收视率最高的栏目之一；上海东方电视台《东视广角》等各地"小焦谈"，也都属于当地收视率较高的时事性栏目；以舆论监督见长的《南方周末》是图书馆里翻阅最多的报纸之一。研究晚报的学者说，在许多省会城市里，省级的日报比市级的日报发行量小，而省级的晚报比市级的晚报发行量大，其中一个重要原因，是省级的晚报"更敢讲话"。

（5）借鉴国外的报道方法和技巧。主要为客观报道、解释性报道、调查性报道方法，以及提高客观性、时效性、易读性的技巧。

（6）充分利用新的传播手段。如利用新媒体加速、加宽和加深采编工作，与受众形成新的传播渠道和互动关系，尤其要注重利用移动传播工具。

（7）注重品牌，创造"感觉"。在信息爆炸时代，受众比以往任何时候都更需要在选择上获得帮助。具备一定质量保证的品牌，可大大帮助受众选择，成为受众的依赖，形成受众的选择习惯。有些严肃深刻的传播内容，虽然受众数量不一定有软性内容多，但受众的层次高，又可提升媒介的品牌形象。

媒介的吸引力与受众对媒介的感觉也密切相关。现在人们开始关注体验经济，服务领域注意提供值得体验的服务，让人在消费过程中感受到值得体验。新闻媒介也能给人以良好的感觉，不仅通过媒介的内容，还可通过美化的形式、谦逊的态度、真诚的服务、良好的品牌，等等。

（8）学习对外传播经验。中国的对外传播始终处于国际竞争中，摸索出了一整套吸引受众的方法，包括原则性与灵活性相结合的方法，提高新闻性和可信性、针对性和可读性的方法等。

接收者的差异很大，包括年龄、身份、性别、文化程度、经济状况、兴趣爱好、社会关系等，还有接收条件、接收环境、接收心理等差异。这些都会影响他们在接收时的选择性注意、选择性理解和选择性记忆，因此，传播要尽可能增强针对性，包括传播内容的针对性、形式的针对性、渠道的针对性和方式方法的针对性。

接收环境有的有利于接收，有的则反之，包括媒介选择余地、其他媒介的质量、他人的一致性意见。

从接收过程来看，现在受传者的选择余地很大，首先要尽力获得受传者的选择性注意。除了提高传播能量，提高选择的方便性，降低选择成本，以增加到达率，还可通过媒介的品牌、传者的声誉、形式的新颖性、标题的吸引力等来获得受传者的注意。

第三章

中国的传媒机构

第一节 事业单位，企业化管理

西方传媒机构基本上是企业。中国传媒机构从 20 世纪 50 年代中期到 1978 年改革开放时基本上是事业单位；1978 年改革开放以来传媒机构的主要发展变化，是企业化管理、市场化运作、集团化整合，以及事业型传媒与经营型传媒分开、经营型传媒转企改制。

一、事业单位

中华人民共和国成立后，就形成了共产党领导的国有传媒体系。1950 年以后，非公有的报社和广播电台也通过公私合营和国家赎买逐步公有化，至 1953 年改造完毕。此后，新闻机构日益事业化，管理方式日益党政机关化。

传媒机构的事业单位性质主要表现在：经济上，公费兴办，统收统支，专款专用，盈亏归公；没有经济指标和经营责任，不缴税金；没有经营自主权，价格也按统一指令；传媒内容上，完全按照上级的要求和指令，并以完成宣传任务为主；人员上，中层以上干部由上级党政部门任命，其他人员也由党政部门分配，由政府提供事业单位编制人员的工资和福利待遇。

这种方式便于党和政府对传媒进行统一调度和控制，并保证新闻单位的社会地位和工作条件。然而在实践过程中又产生不少问题，包括忽视新闻规律、传播规律、经济规律；忽视社会的信息交流需要和受众的获知、表达、娱乐需求；不适当的权力干预过多，舆论监督困难，对上级指挥的错误或失误非但不能及时纠正，反而会推波助澜；缺乏竞争压力，又责、权、利分离，工作效率不高，积极性、主动性、创造性不足；给国家带来日益沉重的经济负担。

改革开放以后，尤其是在传媒数字化兴起以后，大众媒介大大丰富，受众的选择余地大大增加，接触境外媒介也日益容易，如以纯事业单位的方式办传媒，会使媒介的吸引力、影响力和国际竞争力日渐削弱。

二、企业化管理

1978年以后，中国新闻机构也逐步实行企业化管理，即从机关化管理转变为借鉴、采用企业的经济体制和管理方法。经济上，自收自支、自负盈亏，自我积累、自我发展，要上缴部分利润和税金，有较多的经营自主权，可积极开展多种营性利业务；内容上，仍要服从上级的要求和指令，尽力完成宣传任务，同时可根据社会和公众的需要，在较广的范围内选择；人员上，干部实行聘任制，有明确的聘任要求和解职规定，其他人员实行聘用制，同时定岗定责，工作量化，竞争上岗，薪酬与绩效挂钩，实施经济奖惩。

企业化管理在一定程度上弥补了事业单位的不足，使传媒在经营上努力开源节流，提高实际效益；管理上制度严密，责、权、利结合，利用竞争和激励机制，提高工作质量和效率；媒介内容和形式上重视社会和公众的需要，尽力发掘、满足人们的各种需求，尽力符合人们的接受习惯和心理、令人喜闻乐见。传媒的运行效率和经济、社会效益都有很大的提高。

然而在企业化管理过程中，有些传媒又片面追求经济效益，忽视社会责任，甚至把经营、广告与新闻搞在一起，降低了传媒的质量和声誉，也降低了传媒人的质量和声誉，乃至对社会产生负面作用。

三、新的课题

1. 中国传媒机构的产业化特点

目前中国传媒机构产业化发展的主要特点表现在：

（1）以企业的方式进行经济核算，处理与国家、银行、外单位、内部职工的经济关系；采用企业的经营和管理机制，考核工作绩效和经济指标，实行经济奖惩；像企业那样发展各种经营事业，努力提高经济效益。

（2）经济上大多自负盈亏，自我发展，国家的补贴已经很少，连《人民日报》《光明日报》《经济日报》等也要实行自收自支。

（3）对新员工基本实行聘用制，干部也基本实行聘任制。

（4）经营上有一定的自主权，如版面、栏目的设置，广告价格的制定，发行方式和多种经营项目的选择。

2. 中国事业性传媒机构与企业事业单位的不同

与此同时，中国的许多传媒机构仍有事业单位的性质和特征，尤其是新闻机构，与企业单位的不同主要在于：

（1）在很大程度上仍由党政部门实行计划控制，传媒机构的经营自主权仍较有限。

（2）传媒机构有上级主管或主办单位，所有权、占有权、使用权基本不分，传播业务受上级机构和党政部门直接控制和调节。

（3）领导体制上党政合一。

（4）在投资、贷款、经营、税收等方面享有一定的政策优惠和经济保障。

事业单位的性质与企业管理的方法结合在一起，可在一定程度上优势互补。然而又会使两者的优势都不能充分发挥，两者的不足同时存在。

这些方式有其历史延续和现实运行的合理性，然而在许多情况下，事业单位的一些特征与企业化管理、市场化运作所需要的产权明晰、权责分明，经营管理自主、市场竞争公平、机会均等、优胜劣汰等有矛盾或冲突。如何扬两者之长，避两者之短，妥善处理两者之间的矛盾，是中国传媒业的重要课题。

第二节　事业型传媒与经营型传媒

2003 年 6 月起，中国的宣传文化系统尝试把事业型传媒与经营型传媒分开，进行不同的改革。由此拉开了新突破的序幕。

一、事业型传媒的改革

事业型传媒是指服务于某种特别目的、必须存在和发展又不能单纯依靠市场的传媒，包括一些承担公共事业职能的重要报刊，重要电台、电视台的新闻频道，对外宣传媒介，以及马列主义理论出版物、盲文出版物、少数民族文字出版物等。

这些传媒机构的改革重点，应在于搞活内部机制，主要是人事、劳动、分配制度的改革，并进一步跟市场接轨，同时要改善服务，增强公共服务的功能，比如对电视广告的数量和时间段进行限制。有的将本单位的经营性资产剥离出来，单独成立经营性公司或与其他公司合资。

事业型传媒是中国的主流媒体，受到党和国家的高度重视，得到许多政策优惠。经营型传媒机构的转企改制，必然带来其媒介吸引力的提高，这将使事业型传媒的吸引力、影响力面临更大的挑战。如果这一问题不解决，主流媒介将逐渐被边缘化，经营型传媒的改革与发展也会受到制约。

有人提出让事业型传媒更加公共化，不追求经济收益，减少广告和其他经营，低价或免费赠送给受众，由政府提供经济资助。从而满足社会的公益需要，同时使片面追求经济效益的媒介受到限制和排挤。

这样的结果反而会降低事业型传媒的吸引力，使自身边缘化。在市场经济环境和当今大众媒介的"买方市场"中，至少会遇到如下三个问题。

第一，提高经济效益的努力不仅有经济意义，也是促使传媒全面提高传播水平、提高吸引力和影响力的强大动力。尽管在中国商业性网站还没有独立采访报道权，其新闻只是"二手货"，但仍成为近40％网民上网看新闻时的首选。其中原因和启示值得深思。

第二，在市场环境中，绝大多数事业型传媒机构的产品，也有商品性，也需要通过企业化管理、市场化运作、产业化发展，从市场上实现其价值和效益，包括社会效益。而靠政府资助、竞争压力不足的媒介机构，其市场竞争能力会退化，影响力会削弱。

第三，低价或免费赠送并不能保证媒介的吸引力和影响力。受众选择媒介，主要是从自己的需要出发。

从以往看，传媒的企业化管理、市场化运作、产业化发展，都不仅仅是经济问题，所带来的传播理念和受众意识的变化，传播内容和方式的发展，经营和管理的改进，都有助于传媒吸引力的增强，社会效益的扩大。

传媒的广告不仅是经济来源，而且是推动传媒机构满足受众、赢得市场的强大动力。目前许多主流传媒机构并不缺钱，主要也不是因为追求经济效益、广告过多而削弱了吸引力、影响力，降低了社会效益。晚报、都市报上的广告往往比党报上的更多，发行量却更大。

在英国、法国、美国、加拿大等市场经济和传媒市场发达的国家，公共电视机构刚出现时填补了市场空缺，很快取得了较大的市场。然而其竞争压力不足、积极性创造性不大、媒介吸引力不强等问题日益暴露出来，从 20 世纪 80 年代起，西方许多原来只有国有和公有广播电视的国家，也纷纷允许发展私营台，而国有和公有的广播电视机构，或私营化了，或不得不采用私营传媒的经营管理经验和方法，增强机构的活力和节目的吸引力，其赢利措施，包括纯粹娱乐性的节目和商业广告，也日益增多，使市场份额下降的幅度逐渐减小。于是公营电视机构越来越像私营的。

此外，国家对私营台的管理越来越成熟，对私营台承担社会责任的要求越来越明确、具体，私营台自身也日益成熟。于是私营电视机构越来越像公营的。

许多人又提出：既然公营的电视台和私营的电视台越来越像，为什么还要给公营台花纳税人的钱？国家和社会对公营台的资助越来越少，这又促使公营台更像私营台。现在有些专家和许多公众都提出：还要不要公营电视台？

现在大众传媒的全球化，主要以商业化的运作手段展开，并迫使相关市场上的公有和国有传媒也趋于商业化，以取得相应的市场竞争力。全球化消解经济壁垒，而对政治和意识形态壁垒没有多少直接影响。许多国家，尤其是在全球信息和媒介竞争中处于守势的第三世界国家，不想让异质文化过多地进入而消解、同化本国的文化，并要阻止对本国不利的媒介宣传。传媒以商业化方式走向国际，才比较容易避开那些非经济因素的影响。全球化带来的传媒国际化竞争，基本是以商业化内容、形式和媒介运作方式进行的。这使本土传媒趋于商业化，以应对新的竞争。

事业型传媒非但不能按过去的模式来办，退出市场竞争，反而要顺应国际国内传媒环境的变化发展趋势，更加重视私人物品的运行规律，尽力提高市场竞争力，以此赢得受众和相应的影响力。国家支持也好，内部改革也好，都要有利于而不能有悖于提高市场竞争力。经营性事业单位转企改制的主要意义之一，也正是在这方面可以取得新的突破。

二、经营型传媒的改制

经营型传媒就是上述事业型传媒以外的所有传媒。这些传媒机构要由事业单位转制为企业，按照企业法来确定企业的结构，建立现代企业制度。有的可进行股份制改造，国有股、企业法人股、职工股或其他要素可以入股，有的还可挂牌上市融资。它们的领导体制将是董事会领导下的经理负责制。由国有企业出资人的代表、企业的代表、企业职工的代表、其他股东的代表组成完整的董事会，由董事会聘任经营管理人员。从而形成独立的市场竞争主体，自主经营，自负盈亏，以产业化方式发展，在市场竞争中壮大。

例如，2004 年，作为上海市文化体制改革首批试点单位之一的上海学生英文报社，由解放日报报业集团发起，采用多元化投资的方式组建成立了上海解放教育传媒有限公司，全面负责报纸的采编与经营活动。公司建立董事会领导下的总裁负责制，明确投资者、决策者与经营者三方的责、权、利，还拟实行经营者持股方案。

这种转制可使传媒机构产权明晰、权责明确、政企分开、管理科学；可培育传媒市场主体，让传媒实体机构广泛吸纳社会资金，并在市场竞争中提高效率和效益；可促成以资金为纽带的集团化整合，实现真正意义上的集团化，在更大的范围内做大做强。同时可促使传媒机构更重视受众，媒体内容和形式更贴近实际、贴近生活、贴近群众。从而带来更大的经济、社会效益，更强的国际竞争力。在传媒竞争国际化、国际竞争国内化的时代，企业化转制既是积极的选择，也是情势所需。

第三节　社会效益与经济效益

传媒的社会效益与经济效益既有对立的一面，又有相互依存、相互转化的一面，不论对于传媒事业还是产业，都要尽可能实现两者的统一。

一、两个效益的内涵

"效益"指效果和利益，包括经济效益和社会效益。

"效果"是一定的投入、消耗所产生的成效与结果，与"效应"一样，有有益、有害之分。而"效益"则是由效果带来的利益，是正面的、积极的。有时我们也说"社会效益差"，其实这时应说的是"社会效应差"。

社会效益是一定的投入、消耗在社会上产生的有益效果。然而我们说社会效益时，一般忽略了投入、消耗问题，不计成本和效率，仅指社会作用和影响，等同于"社会效应"。这在许多时候是需要的，但也会带来"入不敷出"，或因过量投入而产生"过度供应"、逆反心理等问题。

广义的社会效益包括经济效益，经济效益指对社会的有益效果。而我们常用的社会效益概念是狭义上的，仅指经济效益以外的政治上、经济上、思想上、文化上等效益的总和。

在不同的社会中，传媒的社会效益又有不同的内容。如在中国，有利于社会主义是社会效益，在西方，有利于资本主义是社会效益；在中国，宣传和颂扬党和政府是社会效益，在西方，揭露和批判党和政府是社会效益。

经济效益是通过提高经济效果（产出、成果与投入、消耗之比）而得到的实际经济利益。经济效益的提高主要靠收入增加、成本降低、资产增值来实现。

收入增加包括市场收入和非市场收入。市场收入是发行、广告、信息服务、多种经营等带来的收入，主要靠对顾客的效用和便利性。非市场收入有主管或主办机构拨款，社会赞助等，是对传媒创造社会效益的资助或补偿。

成本降低即付出的开支和占用的资金相对减少。传媒的成本降低主要来自两个方面：一是提高经营管理水平，带来效率提高，资金使用合理，合法与非法的流失减少；二是得到政策优惠、社会扶持等，带来原料、用房、税率、发行、人力等费用的降低。

资产增值包括有形资产和无形资产。传媒的无形资产增值可通过知名度、美誉度、权威性的提高，信息来源、供销渠道的扩展和加强。这些会在无形中对传媒的所有营销和传播活动产生积极影响，间接地创造经济效益和社会效益。

二、两个效益的关系

1. 两个效益的对立

在许多情况下，好的社会效益并不能带来相应的经济效益，如一些反映和探讨社会深层问题的内容，以及服务于农村地区、少数民族、贫困人群、弱势人群的新闻传播，往往并不能带来数量众多、购买力强、广告商感兴趣的受众。面向农村、受农民欢迎的报纸很少，便与此有关。这些情况都需要社会加以调节。

此外，片面追求经济效益也会损害社会效益。如果大多数媒介都只是为富人服务，就会形成接触媒介上的不平等，获取信息和知识上的差距，进而产生机会、能力等一系列的差距。有些传媒为了经济效益而降低格调、迎合低级趣味、搞有偿新闻等，更会直接降低和排挤社会效益，甚至产生负面效应。媒体"寻租"就是一种以经济效益甚至不正当的经济收益牺牲社会效益的表现。这里的"寻租"也是一种"权力寻租"，即利用社会赋予的话语权，寻获交易对象，以权易钱、物、色或其他利益。如有些新闻机构和人员，利用自己在采访、编辑、发表方面一定程度的垄断地位，向报道对象换取种种"好处"，甚至让舆论监督的对象"花钱消灾"。这些情况都需要社会加以控制。

2. 两个效益的统一

传媒的社会效益和经济效益又是可以相辅相成，相互依存、转化和促进的。经济效益能给社会效益的创造提供物质基础，提供资源、设施、技术、人才等条件。经济效益的追求，扩大市场、降低成本、提高收益的努力，可促进传媒积极发掘和满足受众的需求，更贴近实际、贴近生活、贴近群众，更有针对性和吸引力、传播力、影响力，并在一定程度上克服唯上唯权、无视群众等痼疾；促进传媒管理科学化，工作高效化，更好地发挥积极性、主动性、创造性；促进传媒提高国际竞争能力。这些都会带来相应的社会效益。反过来，完全不顾市场效应、经济效益，则会使大众传媒无视受众的需求，缺乏吸引力、影响力和市场竞争力，使传媒机构"吃大锅饭"，效率低下，浪费严重，经济基础薄弱，最终不能产生足够的社会效益。

西方国家公有电视台提供了前车之鉴。西方许多公有电视台曾与私有台明显不同，没有广告，很少纯娱乐性内容，经济来源稳定、不用通过市场竞争。然而有"大锅饭"可吃，或还有垄断性地位，使其缺乏竞争压力和创造活力，日益呈现出机构臃肿、效率低下、懈怠浪费和官僚主义，节目呆板俗套、吸引力不强。而私有台既能避免公有台的短处，又能增加吸引力，加上社会越来越要求私有台承担社会责任，受众也越来越成熟，使私有台的许多内容也向公有台靠拢。于是受众大量流向私有台。现在许多公有台转变成了私有台，尚存的公有台也越来越多地采用私有台的经营和管理方法，节目与私有台日益接近。此外，有些严肃的私有传媒原本就很注重社会效应，其经济上的独立、对政府的批评监督又强于公有传媒，更符合西方人士对媒介的期望。以致许多专家和公众提出：还有无必要再给公有台拨款？虽然公有台的经济支出逐年增多，有些国家给公有台的拨款却逐年减少。

此外，社会效益也可带来种种直接或间接的、即时或长期的经济效益。社会效益能创造传媒的知名度和美誉度，亲和力和权威性，使传媒获得受众和广告主的青睐，从而提高传媒的各种市场收入和非市场收入。而有些传媒不顾社会效益，通过降低格调、迎合低级趣味、搞有偿新闻等，虽然得到了一些眼前收益，但却瓦解了传媒的声誉、权威性和影响力，使许多高端受众、重要的广告客户和赞助者避而远之，从长远看无异于杀鸡取卵。

三、科学地评估社会效益

要让社会效益的追求更加有效和更能得到受众的支持、社会的奖掖，要让不顾社会效益、片面追求经济效益的传媒难以得到期望的经济回报，还需对传媒的社会效益进行科学化的评估。

我们以往评估传媒的社会效益，一般只看传出了什么、传出了多少。

然而真正的社会效益在于受众接受了什么、接受了多少。这与传出了什么、传出了多少会有关系，但也会很不一致，甚至会相反。正面宣传不一定促进社会效益，有时还会产生负面效果。而且，有时所付出的投入越大，效益就越低。

只看传出不仅难以真正反映和提高社会效益，难以使社会效益得到社会的充分认识和带来相应的经济效益，还使我们许多人对表面文章乐此不疲而不求实效，有时内容过头，方法不当，不仅产出小于投入，甚至引起受众的逆反心理，产生负面效应。

对传媒的社会效益可从不同的角度分类考察。可分为直接的和间接的，明显的和潜在的，短期的和长期的，有意的和无意的，预期的和非预期的，迅速的和潜移默化的，影响认知的和影响态度、行为的等诸多类型。

可通过受众调查，测量受众的数量和成分，选择和使用，认识度和理解度，接受度、满意度和忠诚度（始终选择某一媒介的坚定程度）等。对一个"宣传战役"、传媒的某一部分或整个传媒进行这种量化的测评。

等到跟踪调查的结果出来，许多传播的效果往往已时过境迁，评估的意义不大了，因此仍需考察传出的情况。但这种考察也要尽可能客观化。可确定一系列质量指标及各指标的权重（如评估新闻传播可有真实、全面、客观、公正、重要、新鲜、及时、接近、趣味、传播艺术等指标），进行传播内容、词语的统计分析，还可核算"投入"与"产出"之比。

此外，发行收入、广告收入、赞助收入等经济数据，往往反映了受众、广告客户或其他资助者的评估，折射出传媒的社会效益情况。比如广告多的传媒，一般说来受众较多或针对性、吸引力较强，传播效果较好。可见这些数据也可作为社会效益评估的参考。

第四节　提高传媒的竞争力

这里的"传媒"既指传媒产品，也指传媒机构。在传媒流通市场化、传媒竞争国际化的今天，提高传媒的市场竞争力，已经直接关系到传媒机构的生存和发展，传媒水平的提高和作用的扩大，宣传阵地的巩固和延伸，甚至关系到国家的文化安全和国际地位。

　　企业化管理或转企改制为提高传媒的竞争力奠定了基础。而要在此基础上真正耸立起竞争力大厦，还有许多事情要做。各种传媒的条件和境遇不同，提高竞争力的方法也不同，然而不外乎要在影响竞争力的因素上下功夫。在此拟将影响传媒竞争力的直接因素和间接因素，由近而远地进行梳理。

　　传媒机构竞争力的主要表现是能够比其他竞争者更有效地提供产品和获得自身发展。传媒机构的竞争力，就是使传媒机构持续地拥有这种表现的能力或综合素质。①

　　这里的"更有效地提供"，是指能以更低的价格，或受众更满意的质量、更方便的方式提供，换言之，就是提供更有竞争力的产品。

　　提供产品和自身发展这两者，是相互影响制约的"鸡生蛋、蛋生鸡"关系。在此我们先来讨论"蛋"——传媒产品，包括媒介产品和广告服务。

一、影响传媒产品竞争力的直接因素

　　影响竞争力的直接因素主要有价格、差异和时间。这里的差异仅指价格和时间以外的差异。

　　1. 价格

　　价格是指相对于一定的性能和品质而言的价格，因此提高性能和品质就相当于降低价格。价格又受制于成本和市场状况。传媒产品的成本由资源成本、生产成本、交易成本和管理成本共同构成。影响这些成本的因素，也就成为影响传媒产品竞争力的重要因素。

　　市场状况有市场供求状况和市场竞争格局。供小于求，就成为卖方市场，价格就可以高；供大于求，就成为买方市场，价格就只能低。谁首先发现或培养出市场的新需求，或能够提供有独特优势的产品，谁就能成为卖方市场的供应者。

　　市场竞争格局主要取决于市场形态，通常有四种形态：完全竞争、垄断竞争、寡头竞争和纯垄断。在当今世界，完全竞争和纯垄断的传媒市场

---

　　① 金碚. 竞争力经济学［M］. 广州：广东经济出版社，2003：8.

几乎没有。垄断竞争是很多供应者出售既相似又有明显差异的产品，寡头竞争是只有少数几个供应者。在中国，广播电视市场基本属于寡头竞争性，印刷媒体、网络媒体和电影、电视剧、音像制品等市场基本属于垄断竞争性的。传媒产品的供应者如果在自己产品的领域有较高的垄断地位，且这种产品又难以被替代，就可以有较强的定价能力。

传媒目标受众的经济水平越低，价格的敏感度就越高。而价格因素越弱，或降价空间越小，差异性对于竞争力就越重要。

2. 差异

差异的竞争力来自不可替代性。同质的产品因为有替代性，所以有竞争性，不同的产品，如报纸和书籍，就没有竞争性。然而同质也是相对的，即同中有异，没有绝对的相同。内容和形式千变万化的传媒产品更是如此。在一定程度内有差异的产品仍有替代性，因此仍有一定程度的竞争性。差异程度越大，竞争性就越弱。比如晚报与都市报之间的竞争很激烈，与党报的竞争就较弱，与广播电视的竞争就更弱，与电影戏剧就弱至于无了。

竞争弱，意味着竞争对手难以进入。扩大、加强差异性，也就是趋于形成独特的市场，并在其中取得垄断地位。这成为提高产品竞争力的重要法宝。

差异主要指品种和质量（包括服务的质量）上的差别。

在市场竞争中，许多传媒机构努力发现和创造受众的需求，用相应的产品予以满足，就是以与众不同的品种赢得竞争。这种"相应的产品"不一定是全新的，也可以是在原有产品上稍作改变，甚至只是把原有产品投放在不同的市场。

在市场竞争中，传媒产品的质量主要反映为对受众有用和使服务对象（包括受众和广告客户等）满足。有用和满足既相互关联，又有所不同。对受众有用一般就能令受众满足，但也不完全如此，而且满足的程度也会很不一样；能令受众满足本身就是有用，但这种有用也可能并无多大意义。例如，有些报纸的文章即使既正确又重要，但可读性很差，读者仍然不满足；反过来，有些娱乐新闻受众看得津津有味，但并无多少实际作用。

传媒机构的服务不仅也是如此，甚至还有价格意义——给服务对象提供了附加价值，等于降低了总价格；给服务对象提供了方便，等于降低了他们付出的时间、精力乃至费用。

以过去的经验来看，对受众有用是必需的，令受众满意是附加的。许多人的观念和行为也停留在这个层面。然而随着人们经济水平的提高，消费过程对消费者的影响也越来越大，以至出现体验经济、体验营销等概念，让人们享用体验。从广义的服务来说，大众媒介就是一种能给人以特定体验的服务产品。从狭义的服务来说，传媒机构要通过营销、技术等方面的良好服务，创造令人满意的消费过程。

传媒的品牌是品种、质量和服务的标志，代表了某种差异。传媒的品牌也能影响受众的感觉。

3. 时间

时间的先后对传媒竞争力的影响也很大。谁先开发出有市场潜力的新产品，谁就能取得市场领先地位和主动权，赢得缺乏竞争时的超额利润。但先发优势也不是绝对的。"率先"的风险较大，静观待变、看清市场反应后再下手，则成功率较高。开发新品的成本会很高，通过快速学习、巧妙改进，就能以不太高的成本取得很好的市场效果，做到后发制人。

二、影响传媒产品成本、差异和时间的直接因素

影响传媒产品成本、差异和时间的直接因素主要有资源、关系和能力。

1. 资源

资源可分为传媒机构的内部资源和外部资源。内部资源有人力、资金、设施、技术等。外部资源有经营许可（书号刊号、制作和播放许可等）生产要素来源与合作伙伴、环境条件、市场需求、区位优势等。生产和销售是在不同的区位空间进行的，由此产生不同的资源成本、产销规模、流通条件等。如《新民晚报》的发行量大，经济效益好，很大程度上得益于上海人口多而密，经济发展程度高，读者的媒介消费能力强，高水平企业多、广告源丰富。

2. 关系

关系也可分为传媒机构内部关系和外部关系。内部关系有组织机构，

责、权、利关系，上下关系，员工关系。外部关系包括与投资、管理、控制者（包括股东、上级部门、党政机构等）的关系；与合作者（包括受众、广告客户、信息源、作者、银行、原材料供应者、其他宣传和广告机构等）的关系；与竞争者（不仅是竞争对手，还包括各种可替代产品供应者）的关系。与竞争者之间可能存在你死我活、两败俱伤的恶性竞争，也可能存在"竞合"。

3. 能力

能力是指传媒机构把上述资源和关系从潜在竞争力转化成实际竞争力的能力。能力因素包括传媒机构的理念和文化、战略和策略、战术和机制，领导者和管理者的素质，规模化、集团化和专业化的程度等，主要表现为市场应变能力，内部控制能力，内外部协调整合能力，生产、经营和管理能力，效益创造能力和发展创新能力。

（1）核心能力是使传媒机构在市场上具备长期竞争优势的能力，主要源于卓越的价值理念和知识体系，主要表现在领导者的处事原则和能力，员工的知识和技能，产品（包括服务）的开发和创新，品牌创造和运用，能够形成人无我有、人有我优、人优我快的竞争优势。

以核心能力整合资源、关系和其他能力中的独特优势因素，就可形成核心竞争力，即最关键的能使竞争机构保持长期稳定的竞争优势和超额利润的竞争力。

资源、关系和能力因素是相互影响的。有些因素在外延上有交叉关系，有些只是为了分析方便而被归于某类，换一个角度就可归为另一类，如关系、能力也可以说是资源。

（2）核心竞争力是影响产品成本、差异或时间的关键性优势因素，而且是其他竞争者无法购买、复制和模仿的，否则就不能保持长期稳定的竞争优势和超额利润。

在资源和关系都可以通过市场竞争获得的情况下，最根本的核心竞争力是竞争机构的核心理念，或者说核心价值观。这种理念渗透到竞争机构的各个部分和环节，影响和决定其经营管理和发展的各个环节，其他资源、关系和能力都以此选取和整合。

然而在绝大多数情况下，有些资源和关系是不能通过市场竞争获得的，比如某个企业独有的核心技术或材料、某个商场独占的优势位置。在这种情况下，那些决定竞争机构的垄断地位，其他竞争者又不能购买、复制和模仿的因素，都可成为核心竞争力。

有了核心竞争力不等于一定能在竞争中胜出。现在有的报刊虽持有别人不可得的刊号资源，经营上却一败涂地。可见非核心竞争力，包括学习、模仿、复制别人优势因素的能力，同样不可忽视。要以核心竞争力为依托，综合各种优势因素，形成现实的、可持续的竞争力。

（3）持续竞争力所依赖的优势因素也一定是很难被复制和模仿的，主要为三种因素：

一是特殊资源，如品牌、专利、客户关系、营销网络；

二是多种竞争优势的集合，除了核心竞争力，还包括其他的资源、关系、能力方面各种优势因素，价值链上的各个优势环节，以及在价值体系（纵向联系的支持性产业和横向联系的相关产业）中的扩展或协调带来的优势。

三是持续学习、改善、自我提升的能力。

三、影响传媒资源、关系和能力的因素

影响传媒资源、关系和能力的因素，既有传媒机构内部因素，主要表现为上述资源、关系和能力因素的相互影响，又有传媒机构外部因素，主要为：

（1）自然环境，如印刷媒体的木材原料，传媒机构的地理位置及周边交通运输条件。

（2）人口环境，如传媒受众的数量、成分、素质。

（3）文化环境，包括文化程度、文化传统、文化遗产、文化观念、文化设施等。中国丰富的文化财富可以成为传媒内容的来源，传媒国际竞争力的重要元素。

（4）技术环境，技术能提高传媒机构的工作效率、传播能力和创新能力。极端者甚至以技术为传媒发展的根本决定力量。

（5）经济环境，包括经济体制和经济发展水平。中国市场经济体制的建立，经济建设的快速发展，给传媒业提供了良好的体制环境、资源环境和需求环境。

（6）政法环境。这里的"政"指政治、政策、党政，"法"即法治，包括法律制度与执行，依法治理的原则与实施。

政法环境决定传媒的体制，影响传媒市场的规范、总量、进入壁垒、媒介差异程度和传媒集中程度，影响传媒机构的经营许可、信息材料等资源，产权关系、上下关系等多种内外部关系，责、权、利结合程度，自主经营的能力和积极性、主动性、创造性、战略、策略的选择和实施，领导者、管理者的人选和素质，等等。可见其对传媒竞争力的影响之大。

（7）市场环境。影响传媒机构的资源、关系和能力的市场因素主要有交换流通领域及其范围，各种供需方和可替代产品，供求机制、价格机制和竞争机制，市场调控目标、系统和方法。

在交换流通领域及其范围方面，我们要建立统一、开放的传媒市场体系，打破地区封锁和条块分割。

在供需方面，我们要提供公平的获取资源和客户的机会，打破市场歧视和经营垄断。作为需求方的受众如果要求较高，就会迫使传媒机构提高产品质量，从而提高竞争力。反之则会让传媒机构降低质量和竞争力。因而从提高竞争力的角度来看，也要提高人们的传媒素养。

新技术尤其是数字化，给现有传媒替代品的出现提供了可能。传媒机构要充分认识这种挑战和机遇，根据自身条件，选择领先、挑战、追随、补缺等策略。

市场供求和价格机制可传递市场信息、优化资源配置、推动降低成本和提高信誉的竞争，从而提高传媒竞争力。

竞争机制可使传媒机构感到竞争压力、产生竞争动力，得到竞争锻炼、丰富竞争经验、提升竞争层次（从以价格竞争为主提升到以质量、服务等非价格竞争为主，从以小规模、低层次竞争为主提升到以大规模、高水平竞争为主，在国际竞争中从消极防御提升到积极参与），以达到优胜劣汰。

中国传媒市场调控的目标应为：① 保障市场健康、有序地发展。② 保障市场协调、高效地发展。③ 保障和引导传媒发挥积极作用，防止消极影响。调控系统包括立法、司法、仲裁系统，党政管理系统，行业管理系统，传媒调查、统计、评议机构。正式的调控方法有法律的和行政的，非正式的调控方法有经济的、社会的（包括社会组织、团体、舆论和受众的）。我们要提高调控的规范化、法制化程度，并尽可能减少硬性的行政调控方法，增加弹性化的经济调控、社会调控方法。

四、利用移动传播时代的新条件

以移动终端为主要传播工具的时代给传媒机构带来了许多新条件，包括新的市场需求和实现可能。

此时的传媒机构，小型的仍以提供内容为主，专注于文本或音频、视频内容制作，以独特和优质取胜。中型的提供内容和渠道，致力于多媒体、融合媒体制作和传播，并与平台机构合作。大型的还着力于或主要做平台建设，如腾讯、今日头条等，以其综合性、方便性，可获得很大的竞争优势，并具备一定的垄断地位，它们的社会影响、社会责任也就格外重要。

传统媒体机构也纷纷转型，把工作重心向移动端转移，参与移动传播带来的媒介融合、机构整合、盈利模式和竞争格局的大开大合，还提出"移动优先"战略，建立自己的移动传播平台。

传媒机构还可利用自己的品牌、渠道、人才、信息、大数据等资源，进行多种经营。上海报业集团社长裘新在 2019 年 4 月介绍说，单纯的内容驱动新媒体发展模式已经进入红海时代，"内容＋技术＋运营"叠加驱动的新媒体产品已出现机遇期。

第四章

中国的传媒集团

第一节　规模化与集团化

中国传媒集团的市场占有率和广告收入已占中国传媒产业的大部分。然而至今，中国传媒集团的体制结构与单体大机构区别不大，集团化的优越性基本上还只在于规模化和专业化程度的提高，而与此同时，规模不经济的现象也已有很多显现。要从做大走向做强，还要做更大的努力。

一、规模化

1. 规模化的优势

规模化意味着采购、生产和营销的规模扩大，可降低产销成本，可使单种产品的研究开发、原辅料、生产、运输、营销、管理、应急储备、辅助人员、固定资产折旧等成本降低。大众媒介的创制成本较高，而复制成本很低，规模化可明显降低媒介成本。

规模化可降低交易成本和风险，增强谈判能力，对于大规模传媒机构，许多交易还可在掌控范围内完成，从而降低交易费用和交易风险。

规模化可提高专业化程度。可细化分工，提高专门知识、经验和技能，由专门的部门和人员从事特定的工作，从而提高质量和效率。

规模化有利于实现集约化经营。集约是相对粗放而言的，集约化经营是通过经营要素质量的提高、技术含量的增加，投入集中、组合方式优化，来增进经济效益和社会效益，实现以最小的成本获得最大的回报。规模扩大，专门化程度提高，综合实力增强，都可提高集约化程度。

规模化还有利于采用新技术和新设备；实施多种经营和提高抗风险能力；扩大传媒声誉和影响，进而便于获得资源、营销渠道、消费者和广告客户。

2. 规模化的实现

规模化可通过媒介机构自身的壮大和跟其他机构的合并来实现。合并有融合合并和吸收合并两种。前者指参加合并的各方解散原企业，共同组成一个新企业。后者指一个企业吸收其他企业，常称为兼并。

规模化的扩展方向有横向扩展，即向本行业水平扩展；纵向扩展，即按产供销的垂直程序，向上、下游扩展；混合扩展也称复合扩展，即跨入与本行业关系不大的领域，实施多元化经营。

在目前中国的新闻体制下，行业分割、地区分割仍很严重，横向扩展比较困难，主要实行纵向和混合扩展。

3. 规模非效率

规模与效率并不总是呈正比的。传媒机构的竞争力有宽度和密度之分。宽度是关于在多大的范围内有竞争力，往往取决于传媒机构的规模。密度是关于在一定的范围内有多强的竞争力，往往取决于传媒机构的专业化。有宽度不一定有密度，宽度过大还会稀释密度。因此做大不等于做强，做大要防止做弱。

规模很大而又过度集中，会导致管理跨度过大、层次过多，内部系统复杂而紊乱、信息传递减慢甚至走样；市场竞争压力降低，服务意识减弱，效率衰减，费用和成本上升；设施的潜力不能充分发挥，人员的积极性、能动性、创造性不能充分调动。这样会造成规模不经济。

中小企业资本小、信息少、技术低，过去被认为是弱点，而在信息社会中，这些弱点有很大的变化。如果项目、产品好，资金筹措便不难；通过互联网，获取信息也很容易；技术上也不会有太大的问题，不少高科技大企业正是从中小企业起家的。相反，许多大而全的企业，往往效率低、包袱重、灵活度差。国外许多大公司正在努力改变过去那种金字塔式的、一统天下的、大锅饭的、紧密型的企业管理模式，而成立许多子公司、分公司、利润中心以及其他经济实体。①

二、集团化

集团化是利用企业集团的组织形态和发展模式。企业集团是根据集团的章程，以资金、契约为纽带，由众多企业组成的统一体。一般以一两个或若干个主干企业、控股公司等为核心，以该核心控股的成员企业为紧密层，以核心和紧密层机构参股的成员企业为半紧密层，以与核心企业、紧密层企业具有长期稳定的生产经营协作关系的成员企业为松散层。这些成员企业都是独立的法人，既承认企业集团的章程，又有独立经营的资格。

企业集团可获得规模化、集约化的优势，可实现资源共享、优势互补，降低生产和交易成本，并扩大对外影响力。同时，企业集团的各个成员企业作为独立法人，可通过市场协调替代企业内部协调，保持市场竞争压力和市场应变活力，可较大程度地发挥成员企业的积极性和能动性，避免因机构过大、层次过多而使管理成本过高、效率降低、规模不经济。正因此，企业集团的组织形态得以继托拉斯等单体大企业形态之后产生、发展，成为大趋势。

世界上最早的新闻传媒集团是19世纪末美国的报业集团。斯克里普斯报团是美国最早、最成功的报业集团之一。它原来规定，在各地新办报纸的51%股权由公司总部持有，其余归报社创办人和其他人员。总部对各地报社业务管得也较多。不管名义如何，各地报纸实际上是报团的分公司。第二次世界大战以后，该报团修改章程，规定公司总部只保留各地报社40%或更少的股权，其余60%或更多比例属于报社创办人等。原属总部的一些管理权也相应下放。全国性问题由各报总编辑联席会议决定，地方性问题由各报自行决定。这使子公司性的下属报社更具经营活力。欧美各发达国家的报纸大多效法之。②

20世纪60年代，加拿大的报业巨头汤姆森进军英国和美国，购买了数百家报刊。70年代，澳大利亚报业主鲁伯特·默多克（Rupert

① 吕蓓蕾. WTO对中国企业发展的影响——周敦仁教授访谈录［J］. 探索与争鸣，2000，1（3）：10-13.

② 陶涵. 比较新闻学［M］. 北京：文津出版社，1994：174.

Murdoch）也进军英美，基本上替代了汤姆森的地位。90 年代，加拿大的康德拉·布莱克（Conrad Black）又买下美国、英国、以色列的几百家报刊，以及澳大利亚最大的报纸。

广播电视出现后，也很快形成广电集团。较著名的有英国的 BBC，美国的美国广播公司（ABC）、美国全国广播公司（NBC）、哥伦比亚广播公司（CBS）、福克斯广播公司（FBC），主办 CNN 的特纳广播公司等。1995年迪士尼公司兼并了 ABC，成为全球最大的娱乐和传媒企业；当年 9 月，时代华纳公司收购了特纳广播公司，从迪士尼公司夺回了"最大"的宝座。

中国自 20 世纪 20 年代末起，就有民营的《申报》《世界日报》《新民报》等报社尝试发展为报业集团。90 年代初，又酝酿建立以党报为龙头的报业集团。先以一个各方面条件较好的地方党报社为试点，遂于 1996 年成立了广州日报报业集团，很快有一批传媒集团接踵挂牌。上海文化广播影视集团等还尝试打破地区分割和报业、广播电视业的行业分割，进行跨地区联合与跨行业经营。

传媒集团的成员单位大致可分为三类。一是文化类，包括书报刊和音像出版机构、广播影视节目制作和传输机构、文艺体育机构等。二是支持和延伸类，包括广告、发行、印刷、信息服务、技术设备等机构。三是非主业经营类，包括房产、酒店、旅游等行业。

在中国的传媒集团中，支持类和非主业经营类的成员单位可直接采用现代企业制度。文化类成员单位也可成为独立法人，但新闻活动部分仍为事业单位性质。

集团总部一般设有战略研究部之类的智囊机构和若干横向并列的、实施统一管理的部门，如人力资源部、资产管理中心、投资中心、财务中心、技术设备中心、质量管理中心、法律事务中心，有的在纵向上采用企业的事业部制，如上海文广新闻传媒集团把财经类内容的资源整合成财经事业部，生活时尚类内容的整合成生活时尚事业部，还有娱乐事业部、音乐事业部、动画事业部、影视事业部、体育事业部等。

中国传媒的集团化已产生很多积极效应，使传媒机构更加集中统一，实现资源共享、优势互补，提高专业化、集约化程度，避免小而全、低水平的重复建设和分散经营；发挥品牌、资源、技术、经验、规模化经营等优势，集中力量进行重大的基础建设、技术改造、市场开拓、媒介创新等项目，提高科技进步程度和适应环境变动的能力；使党政部门便于进行宏观性和中观性的领导与管理，提高主流媒体的市场竞争力，扩大对外传播的国际影响力。

然而迄今为止，中国的传媒集团的体制结构与单体大机构区别不大，集团化的优越性基本上还只体现为规模化和专业化程度的提高，而与此同时，管理层次多、成本高、效率低等规模不经济的现象也已有不少显现。如有的报社原先办得很红火，进了集团以后只相当于一个编辑部，竞争压力、工作积极性和创造性锐减，发行量大跌。要从做大走向做强，还要做更大的努力。

集团化还会带来市场过于集中垄断的问题，新闻传媒集团又会有信息和言论过于垄断的问题，因此要防止传媒在一个地方、一个媒体行业过于集中，妨碍多元化竞争。

第二节 集团的结构

企业集团与非集团的根本区别，并不在于规模的大小、分支的多少、实力的强弱，而在于它们的结构，包括组织机构、内部关系和行事原则。

西方的传媒集团与其他企业集团没有很大的两样。我国传媒的集团化也是要吸取现代企业集团的长处，走向现代产业机构的高级形态。

一、一般企业集团的结构

一般企业集团的典型结构有以下几种。

1. 多法人的联合体

其成员企业主要是以资本纽带联结在一起，法律上各自保持着独立法人的地位。

2. 组织结构多层次

有集团核心企业、紧密层企业、半紧密层企业和松散层企业。核心企业可以是一个或若干个从事生产经营的企业或科研单位，也可以是其他有投资能力的法人，如控股公司。核心企业有一定的经济实力，对它所控股的企业持有重大项目投资决策权，主要经营者任免权，资产收益分配权等。紧密层企业为核心企业的控股成员。按产权关系，核心企业为母公司（或称集团公司），控股成员包括独资的全资子公司和母公司持有的股份达到控股程度的子公司。半紧密层企业为参股成员，指母公司所持股份未达到控股程度，但承认企业集团章程的企、事业法人。松散层为协作关系成员，即与母、子公司有长期稳定的生产经营协作关系，并承认企业集团章程的企、事业法人。

既然能称为"层"，那就不是少量的几个企业。既然能把这么多企业以资产纽带凝聚起来，其核心企业必然是有相当强的实力。企业集团也必然具有一定规模。

3. 成员关系平等

包括核心企业在内的各成员实体，对其他成员企业都不存在单方面的行政控制关系，而是按产权关系，依照有关经济法规、集团章程行事。企业集团的外围成员企业不同于大公司的分公司，它们可以按照约定，比较自由地进入或退出某个企业集团，有时甚至一个企业可以同时参加两个不同的企业集团。

4. 平等、协商、兼顾的原则

（1）等价交换原则。集团内各成员法人之间的经济往来，都应以独立的生产经营者相待，在资金的调拨、产品的内部买卖、内部价格的制定、利润分配等方面，都应坚持等价交换的原则，不应损害任何一方的利益。

（2）共同协商、适当让步原则。参加集团的成员法人都处于平等地位，处理集团内的事务需要相互协商、相互谅解，在此基础上达成协议。例如，成员法人之间提供产品和服务的内部价格、利润分配等，都应共同协商解决。为了顾全整个集团的大局，在不影响各法人正常经济权益实现和等价交换的前提下，有关各方应视具体情况，做适当的、必要的让步。

（3）坚持集团整体效益与成员法人利益相统一的原则。在经济利益分配上，既要考虑集团的整体效益，也要考虑成员法人的利益。在不同的时期，集团内部的利润分配要有不同的比例结构。要从实际出发，根据不同时期和不同条件，进行多种因素的分析、比较和判断，合理确定利益分配的比例关系。

二、与行政性公司和单体大企业的区别

1. 企业集团不同于行政性公司

行政性公司是政企合一的机构，与所辖企业是上下级隶属关系，不是平等互利关系。公司对成员企业统一组织产、供、销，管理主要靠行政命令。而企业集团中不存在政府经济管理部门所具有的那种行政管理关系，各成员企业结合于集团之中，是基于共同的利益，成员企业之间的关系是平等互利的。各成员企业都自主经营、自负盈亏，责、权、利紧密结合。

2. 企业集团不同于托拉斯等单体大企业

托拉斯是一个大企业通过兼并、接管多个企业而形成的庞大经济组织，对外是一个统一的法人，内部实行统一管理，其分支公司不是独立的法人。主要区别在于：

（1）经济主体不同。单体大企业是一个统一的经济实体。所属的各分公司、分厂，是一些附属的职能机构，其生产、经营核算指标均由企业总部下达和考核；而企业集团是企业的集合体，其成员企业是独立的企业法人，不仅是成本中心，更是利润中心、投资主体。

（2）组织结构不同。单体大企业内部组织结构单一，不存在横向的多层次结构；而企业集团则如前所述，有核心层、紧密层、半紧密层和松散层。核心企业与成员企业之间为不同程度的联合。

（3）相互关系不同。单体大企业采取的是纵向的由上而下的领导与被领导模式；而企业集团内部各成员企业之间则是横向平等的联合关系。

企业集团既有单体大企业的集中统一、大规模集约化经营之便利，又具有许多单体大企业所"不能"：在一定程度上通过市场调节替代企业内部调节，保持竞争压力（这种压力还迫使传媒加强受众意识、服务意识）和应变能力，充分调动成员企业的潜力和积极性、创造性。

三、中国的传媒集团结构

中国的传媒集团借鉴现代企业制度，采用集团的方式，必然会与其他企业集团有一定的共同特征。然而同时，当今中国传媒集团的主要功能是

产生积极的社会作用，运行原则仍须以社会效益为主，在集团的结构上，在领导体制和管理体系上，都与其他以经济效益为主要目标的企业集团有所不同。

由集团核心机构控股或参股的集团成员实体，可以有多元投资主体，包括职工和其他国有企业，乃至外资企业。这样一方面可扩大资金来源，另一方面可吸引更多的人积极关心、帮助集团的发展。

作为党政宣传机构，中国的新闻传媒集团不能是其他企业的从属机构。集团内部也以传媒性机构为核心，它们或是大的大众媒介机构，如大的报社和电视台，或是由地方传媒管理部门分离、转制而成的控股机构。将来多元经营发展壮大以后，非大众媒介带来的收入可能会超过大众媒介收入，但集团的经营和发展仍将以大众媒介的制作和传播为主，规划、资源都要向这方面倾斜。

中国的传媒集团一般在内部形成两个集团，如报业集团中，一个为报、刊、书等传媒出版集团，另一为其他经济实体集团。前者与过去没有很大的不同，后者实行现代公司制。

集团总部可成立企划部、研究部之类的智囊机构，搜集、整理有关信息资料，制定集团的战略规划、中长期计划和年度计划；对集团的重大经营问题提供备选方案等。

资产管理是集团经营管理的重要内容，可由资产管理部、投资中心、财务中心等负责，并与财务管理相结合。主要任务为明晰产权，确定所有权、占有权和使用权持有者的权益；保障资产不流失、促进资产增值，包括财产、债权和其他权利，有形的基础设施、货币、耗材、产品、债权等和无形的版权、品牌声誉等。

同时可成立一些管理和服务中心，如人力资源部、技术设备中心、质量管理中心、法律事务中心等。其中有的还可衍生出专业公司，如技术设备公司。

上海文广传媒集团模仿现代企业集团，在横向上建立人事、财务、技术、法务等统一管理平台，纵向上采用事业部制，如把财经类内容的资源整合成财经事业部，生活时尚类内容的资源整合成生活时尚事业部，还有娱乐事业部、音乐事业部、动画事业部、影视事业部、体育事业部等。经营上跨媒体办报纸，跨地区与北京、广东和境外的传媒机构合作，逐步实行新闻宣传之外内容制作和播出分离，同时以数字化全面整合传播业务。

第三节　集团的发展

传媒集团的发展要符合经济规律、管理规律和传媒特点，又要改善外部环境，包括政府职能的转变、管理的改善、政策的改进；市场体系的健全、壁垒的解除；新闻体制的改革；以及有关理论研究的贡献。这里着重探讨三个问题。

一、"内行莫出、外行莫入"

上述第一类成员实体，属于传媒集团最基本、最熟悉、最擅长的行业，最有发展优势的领域，对于以社会效益为主的中国传媒集团来说，更是最主要的发展领域。

第二类成员实体也是传媒集团有很大发展优势的，可依托第一类实体。反过来，在这一领域的发展又能给第一类实体带来直接的支持。

第三类中，可优先发展与第一、二类有一定联系的项目，与第一、二类形成一定程度的相互支持。传媒机构的多种经营优势有信誉高，信息渠道多，公关广告条件好，智囊力量强，掌握媒体、频道、传播网络资源等，劣势有部分领导安于现状，习惯于向上等、靠、要，缺乏非主业经营的人才和经验，"战略家"过多、期望值过高、急功近利心过强。就发展趋势看，利用大众媒介系统的信息和网络优势、开发与信息相关的服务和设施的企业，将成为传媒集团的重要发展方向。

在成熟的市场上，产业组织要尽可能在自己熟悉的领域发展，"内行莫出"。实行多元化经营，也要尽可能选择与主业的供、产、销、技术、人才、信息等有一定关联，可利用主业的有形和无形资产优势的领域，避免凭感觉、赶浪头，注意"外行莫入"。

二、集中当有度

作为集团，在经营上不仅有集约化和规模化带来的优势，还有成员企业自主经营的长处。要避免规模大又过度集中，使集团犹如庞大的单体机构，以致管理跨度过大、层次过多、成本上升、效率下降。在统一更有利的地方要坚持统一，而在分权更有利的地方则仍要充分放权，以保持成员实体的责、权、利紧密结合和自我调节、自我发展功能，充分发挥各方面的积极性。在统一与自主有矛盾的地方，则要通过合理的决策程序和运行机制，努力寻找出两者的最佳结合点。

因此，在传媒集团内部，也要明晰产权关系，让集团下属的成员实体，包括媒体机构，成为独立的经济主体。建立起与产权相对应的多级决策程序，分清集团总部与成员实体的责、权、利，同时完善日常协调方式和监督机制。

在一定的地区内，传媒集团规模过大、媒介过度集中，又会形成市场垄断，妨碍媒介的多样化、意见的多样性和媒介机构的竞争性。例如，有些新闻媒体集团会偏向集团的成员实体及其产品，隐恶扬善，突出夸大，或不适当地利用媒介的议题设置功能，以新闻和评论的形式进行炒作，造成不公平竞争，同时降低大众媒介环境的质量。如果该媒体集团在当地还有高度垄断地位，则这种负面影响更大，更难以受到制衡。如果说，一般行业都要反垄断，那么传媒业更当如此。

为了限制某些传媒过分集中垄断，美国联邦通讯委员会 1943 年就规定，同一法人不得拥有两个广播网；1970 年又规定，在一个地区已拥有电台或电视台的企业不得再开办新台；1978 年，美国联邦最高法院批准该委员会的建议，宣布为了增进观念的多样化和限制经济势力的集中，禁止报纸企业在同一城市、同一地区兼并广播电视机构。[①] 为了适应科技的新发展和提高国际竞争力，1996 年美国新的《电信法》放松了对跨行业、跨地区办通讯社和广播电视机构的限制，但仍不许在同一地区过于垄断。

在澳大利亚，默多克的公司 1986 年收购了"先驱和时代周刊集团"（HWT），一下子占据了国内报业市场的半壁江山，第二年，政府就出台了《广播电视业修正案》，规定单个公司或个人拥有电台不得超过 16家；拥有或控制的电视台，播出范围内的人口不得超过澳大利亚总人口的 60％，并在每一个特定市场只能拥有一家电视台；一份报纸如果在当地

---

① 欧阳康. 大众媒介通论 [M]. 广州：中山大学出版社，1991：266.

电视台播出范围内的发行量，超过其发行总量的50％，就不能再拥有当地的电台和电视台；反过来，当地的电台和电视台也不能试图拥有或控制那家报纸。该法案还对跨媒体拥有股份也作了份额限定。[①]

从产业发展的角度看，一定的集中程度是需要的，一定的竞争性更是必要的，传媒尤其如此。

三、跨地区、跨媒体

传媒集团的跨地区、跨媒体有利于发挥优势传媒的潜力，带来更大的规模化、集约化效应，进而优化传媒资源配置，提高传媒业的总体水平和国际竞争力。

当今世界上经济实力排名前几十位的媒体集团，基本上都是跨地区和跨媒体种类经营的。这不仅是一般企业的集团化趋势使然，还由信息产品的开发成本较高，而复制成本很低所致。

跨地区、跨媒体经营，可以在更大的范围内进行规模化、集约化经营，包括在更大的范围内进行资金、物资、信息、人才等资源的合理配置、深度开发和充分利用。

例如，广播电视机构通过建立跨地区的网络，可形成如同报纸的主报与地方版那样的母子关系；通过向印刷媒体和网络媒体延伸，可充分利用广播电视资源和产品。

但在产权不明、条块分割的产业环境下，传媒的产权难以按经济规律流动，跨地区、跨媒体的障碍更大。许多在资金、技术、经验、人才、品牌等方面很有优势的传媒机构不能充分发挥优势，只能把精力投入自己不太熟悉、不太擅长的领域，效益往往不够理想。而一些弱势媒体又得不到很有效的外援，只能低水平徘徊。

数字化不仅方便了跨地区、跨媒体经营，而且带来媒体融合，以及采编业务、经营业务乃至产权的融合。这其中既有跨媒体扩张与合作的机会，也带来更多、更强的竞争对手。西方过去的报业集团，现在都已是或

---

① 裘新.最赚钱的产业　最典型的竞争——关于澳大利亚报业市场的采访笔记〔J〕.新闻记者，1998（06）：54－58.

属于多媒体、全媒体的传媒集团，中国也要在传媒体制上打破媒体之间的分割和垄断。

新媒体进行着无远弗届的远程化传播，也裹携着传统媒体远程化。新媒体还给采编业务、经营业务的远程化带来很大的便利。然而许多传统媒体仍受困于地区之间的分割垄断。美国的传媒管理正相反，对传媒机构在一个地区内过于集中垄断是限制的，而对跨地区办传媒则基本没有限制。这有利于传媒业的规模化、集约化经营和优胜劣汰、做大做强。还有利于发挥大都市传媒的辐射作用，如纽约，并非美国的政治中心，却是美国最大的传媒中心。

四、发挥大都市传媒的辐射功能

传媒是城市的产物，目前各国主要传媒都以大都市为基地。由于地域、资源、经验、品牌等优势，大都市传媒可通过媒介传播、机构合作、跨地区办媒介等，有力地辐射到其他地方乃至其他国家。美国发行量第一和第三的报纸、三大电视网以及《时代周刊》、美联社等，基地都在纽约。

大都市传媒的辐射力主要源于其人才优势、内容优势和经营优势。

（1）人才优势。大都市是各种人才，包括传媒的内容、技术、经营、管理、研究等人才的聚集地。

（2）内容优势。大都市是政治、经济、金融、贸易、文化、时尚、娱乐中心，是各种人物、事件、事故的汇聚之地。那里的信息，包括实时性、意见性和情感性信息，对其他地方会有很大的吸引力。都市越大，其传媒的内容对其他地方就越有吸引力。如果说书籍主要依托出版集团辐射，电影主要依托制作基地辐射，那么新闻传媒则主要依托整个城市辐射。

（3）经营优势。大都市的许多传媒机构历史悠久，实力雄厚，知名度、美誉度高，有很强的传播能量和扩展能力。大都市人口和广告客户较多、市场较大。传媒有较多的受众，可有规模效应，不仅能摊低传媒的单位成本，对广告客户也有较大的吸引力。从都市向其他地方传播时，只要增加复制成本。而相对于创制成本，信息产品的复制成本是很低的。成本低、收入多可带来更大的投入，如对于同一时间长度的电视片，中国中央电视台的投入高于省级电视台，省级电视台的投入高于地市级电视台。

此外，数字化、网络化和卫星传播技术给这种辐射提供了新的条件，媒体融合又通过更大的规模效应和全新的融合效应，使这种辐射力得到进一步加强。高速铁路和城市群的建设也给这种辐射提供了新的需求和传播条件。

可充分利用优质媒体和高效传媒机构，开发利用这种辐射力，优化传媒业的资源配置，并大大提高全国传媒的整体水平和国际竞争力，增强民族凝聚力和国家软实力。

第五章

中国的传媒市场

第一节　特点、结构和功能

市场有狭义和广义之分。狭义而言，市场就是商品交换场所，延伸为各种形式的流通领域。广义而言，市场是商品各种交换关系的总和，除交换、流通领域外，还包括市场主体——供需各方；市场客体——商品（含服务）和货币；市场机制——主要为供求机制、价格机制和竞争机制；市场调控系统——主要为宏观调控系统，有关的政策、法规、行政管理手段。它们的系统化排列组合构成所谓的市场体系。

一、特点

传媒市场与其他市场的异同源于大众媒介与其他商品的异同。

传媒是重要产品，但又不是生活必需品，也不是对生活必需品有直接影响的产品，除了在供应源十分单一的情况下，很难成为供不应求的产品，很难形成卖方市场。

买方市场促使卖方竞争，要求卖方以市场需求为中心，采取市场营销的观念和方法。大众媒介机构对社会的正、负影响比其他企业更大，因此更要遵循社会营销的原则，关注社会和消费者的整体、长远利益。

大众媒介对社会的影响比一般商品大许多，其产生和流通受到政治权力、经济权力、利益集团等外部力量的影响和制约，应牢牢把握为社会和公众服务的大方向。传媒市场的发展和调控也应当以此为导向。

国家的政治结构、政治需要对传媒体制和市场有决定作用。发展中国家一般对大众媒介市场的调控力度比对其他商品市场大得多。

目前我国传媒市场还有如下特点：

1. 政治、经济的影响

中国传媒是政治体系的重要环节，负有重大的宣传任务，国家的政治体制、政治需要对传媒的体制和市场有很大的影响和决定作用。

中国仍面临政治体制改革的重大任务，主要为发展民主、加强法制、完善民主监督制度。政治环境的变化是现在和将来决定中国传媒市场状况的最主要因素。

经济不仅直接影响大众媒介的生态环境，还通过对政治的制约产生根本性作用。政治是经济的集中表现，是由经济基础决定的上层建筑。中国的经济体制改革和市场经济发展，需要民主的政治环境、稳定的社会环境、完备的法制环境、有效的监督机制。经济形势又是政治体制改革的重要条件。这些对传媒体制和市场形态有决定性的影响。

2. 社会效益第一，经济效益第二

创造社会效益是中国传媒的主要任务，也是实现经济效益的主要目的。社会效益又是传媒知名度和美誉度的创造者，能提高传媒的各种市场收入和非市场收入。

中国的传媒是党和人民的喉舌耳目，必须把社会效益放在首位，在这个基本前提下实现经济效益和社会效益的统一，而不能唯利是图。对社会效益好而经济效益不好的传媒，一般通过资助和优惠政策给予补偿，对社会效益不好的传媒则予以整顿乃至取缔。

3. 国家宏观调控下的市场，严格控制市场准入

中国的传媒市场是国家宏观调控的市场，调控的力度比其他市场大得多。计划管理的程度很高，进入市场的门槛也很高。这从大众媒介的创办和传媒机构的设立可以明显地看出。

据修订后于 2016 年 2 月 6 日起施行的《出版管理条例》规定：报纸、期刊、图书、音像制品和电子出版物等，应由出版单位出版。出版单位包括报社、期刊社、图书出版社、音像出版社、电子出版物出版社。法人出版报纸、期刊，不设立报社、期刊社的，其编辑部也视为出版单

位。设立出版单位，应有符合国务院出版行政部门认定的主办单位及其主管机关。

广播电视台的设立要求更高。2017 年 3 月 1 日第二次修订的《广播电视管理条例》规定：广播电台、电视台由县、不设区的市以上人民政府广播电视行政部门设立，其中教育电视台可以由设区的市、自治州以上人民政府教育行政部门设立，其他任何单位和个人不得设立。广播电台、电视台不得出租、转让播出时段。变更台名、台标、节目设置范围或者节目套数，应当经国务院广播电视行政部门批准。区域性有线广播电视传输覆盖网，由县级以上地方人民政府广播电视行政部门设立和管理。同一城市或同一地域只能设立一个区域性有线广播电视网。未经批准，任何单位和个人不得擅自利用有线广播电视传输覆盖网播放节目。

二、结构

结构一般指一个系统内各要素的联系方式和特点。市场结构指产业内各主体之间的市场关系及其特点，主要涉及卖方的数量、规模、市场份额、资源分配，不同卖方主体的市场地位、作用、比例关系，以及由此决定的竞争状况。

市场结构既是产业组织[①]的核心问题，又对市场行为和市场绩效有深刻影响。

1. 决定市场结构的因素

决定市场结构的因素主要有：

（1）集中度，主要为最大的前几家卖方所占比重；

（2）产品差异；

（3）新卖方的进入壁垒；

（4）市场需求的增长率；

（5）市场需求的价格弹性；

（6）短期的固定费用和可变费用的比例等。

---

① 所谓产业组织，通常指同一产业内企业之间的组织关系，主要为市场关系，包括交易关系、竞争关系、合作关系。

这些因素相互影响，其中又以前三项最为重要。

2. 竞争与垄断

市场结构决定市场的竞争和垄断程度，进而决定市场行为和市场绩效。

市场竞争能使市场供求关系趋于平衡，引导资源配置趋于优化。竞争还能促使卖方降低成本、提高质量和效率，使买方的需求得到充分、优质、低价的满足。对传媒来说，竞争又可加强受众观念，使传媒更贴近实际、贴近生活、贴近群众，并提高舆论监督的积极性。

规模大的机构可有许多竞争优势，自由竞争的结果是强者越来越强，市场的垄断性逐步提高，竞争性逐步降低。如何兼具竞争活力和规模经济性，形成所谓的有效竞争，保持总体效率最优，成为产业管理调控的重要目标。

1）有效竞争的衡量标准主要有两种：

一是有效竞争的形成条件，其中又可分市场结构标准和市场行为标准。

（1）市场结构标准包括：① 交易者的数量既能保持一定的竞争性，又符合规模经济的要求；② 对产品（包括服务）的质量差异存在价格敏感性；③ 不存在市场进入和流动的过分限制。

（2）市场行为标准包括：① 市场主体不相互勾结；② 市场主体不使用排外性的、掠夺性的或高压性的手段；③ 不搞推销欺诈和价格歧视。

2）市场绩效标准

这包括：① 利润水平足以酬报创新、效率和投资；② 质量和数量随消费者的需求而变化；③ 卖方尽力采用先进技术和设施、材料等；④ 没有过度的销售开支；⑤ 满足消费者的需求方面最出色者，得到的报酬也最多；⑥ 价格变化不会加剧周期性不稳定。

3. 市场形态

一般按市场竞争和垄断程度，划分出不同的市场类型或者市场形态。

（1）依据卖者和买者的数量，划分为垄断到完全竞争之间的几种程度。

（2）依据卖者的数量和产品的异同，划分出五种市场形态：只有一家卖方的完全垄断；有很少卖方、产品有相当程度差异的寡头垄断；有很少卖方、产品完全同质的寡头竞争；有许多卖方、产品有相当程度差异的垄断竞争；以及有许多卖方、产品完全同质的完全竞争。也可粗分为四种：垄断市场、寡头市场（包括寡头垄断和寡头竞争）、垄断竞争市场、完全竞争市场。

（3）依据卖方能否自由地进入和退出市场，划分为自由进出的开放市场、限制进出的封闭市场、进入限制（退出自由）的市场。

从全国范围来看，中国传媒的集中度并不高，与中国国民经济的高速增长相应，中国受众和广告客户对传媒的需求增长很快，这又可在一定程度上削弱了传媒市场的垄断性，给富于开拓创新精神的传媒人提供了许多新契机。

然而中国传媒的地区分割和行政保护下的垄断，使一定地区内的集中度很高。目前中国新闻传媒仍分成中央级、省级、市级、区县级，各级只能在其所属范围内办新闻传媒，不能跨地区办。还按规划严格审批新办传媒，原则上避免重复。按目前的规定，新设报刊社和广播电视台都须有较高行政级别的主办单位和主管单位，因而卖方的进入壁垒也相当高。这些都使中国传媒市场的地区性垄断程度较高。

如果说，一般行业较为理想的市场形态是垄断竞争市场和适度的寡头市场，那么对传媒业而言，垄断程度应当更低，竞争主体应更多元，因为传媒更需要多样化。目前可通过跨地区、跨行业的经营，增加多元性，实现做大做强。

三、功能

传媒市场主要有五个方面的功能。

1. 流通

就狭义的传媒市场而言，传媒流通领域联系着传媒的生产和消费，使传媒的潜在价值成为现实价值，流通的过程是价值实现的过程。

从广义的传媒市场来看，传媒商品的交换关系使产销方都重视流通环节，自觉拓展流通渠道，加快流通速度，提高流通量，降低流通成本。这会带来传媒生产的扩大，受众的需求得到更便利、更迅速和更充分的满足，传媒经济效益和社会效益得到更多的实现。

如报刊市场促使报刊机构重视发行，开辟多种发行渠道，邮发、批发、自销、代销等多种形式并举，多重渠道竞争，扩大了流通的数量，提高了流通的质量，加快了速度，减少了失误，改进了服务。广播电视节目市场给节目交换架起了桥梁，广告市场通过代理制等规范化运作，拍卖等销售形式，策划、制作、播出一条龙服务等竞争方式，扩大了广告源，提高了广告服务水平。

2. 信息

市场是信息的集散场所，供需各方都可凭借从市场上获取的信息，把自身的行为调节为更合理和更高效。市场控制系统也可根据市场信息，采取相应的调控措施。

产品和服务在市场上的反应也充满了富有经营价值的信息，主要为市场需求和市场评价信息，还有经营策略的效果等信息。如通过媒体、版面、栏目、文章、报道等在市场上产生的反应，感知受众的需求和评价，了解是否符合市场需求，在多大程度上满足了市场需求，从而使传媒机构和党政管理部门能及时、有效地采取调节措施。

最重要的是需求信息。社会对传媒有多种需求，社会各界、各种人群对传媒又有各自的特殊需求。这些需求内容和数量会随着时间和环境的变化而不断变化。媒介只有符合需求，才能充分实现其价值。同时，满足需求的过程也是发展需求的过程，反过来又可为传媒提供更大的市场。

对市场上反映出来的需求信息也要做深入分析。有的需求不是应当得到满足的，有的不是应当得到鼓励的，有的需求虽然并不明显和强烈，却是应予发展和尽量满足的。

3. 调节

调节的内容为调节资源、供需和有关各方的利益。无论从社会来看，还是从单个媒体来看，人、财、物资源，广播电视频率频道资源，受众注意力资源，广告资源，在一定的时候有一定的限量。不按社会需求办传媒，不按市场规律办事，势必造成资源浪费，造成许多靡费而无效的传播活动，而传媒应有的许多社会作用则发挥不了。

通过市场的晴雨表，可及时调整人、财、物及无形资产的配置，把资源从效率低的地方向效率高的地方调节，使有限的资源得到合理有效的利用，大大提高传播的效果和效益。

市场的供求机制使供需得到相对的平衡，不至于使受众不需要的传媒过多，而受众需要的传媒又太少——这在计划经济时代是可能存在的。

还可通过政策法规、行政经济等手段调控市场，来调节有关各方的利益，使传媒按国家利益和社会需要的方向协调发展。

4. 竞争

市场能让低于社会必要劳动时间创造一定的价值者，得到超额利润或价格优势。促使供应者努力提高产品和服务的质量，即提高价值；同时提高效率，降低相对成本。于是形成供应者之间的竞争，带来效率提高、质量提高、成本降低、价格降低、供应扩大、需求增长、资源配置优化、机构优胜劣汰等结果。

例如，新闻机构优化管理，更新设施；提高员工素养，引进优秀人才，充分发掘人、财、物的潜力；不断探寻市场需求（适销对路也是很关键的质量要素），尽力满足受众和广告客户。这显然可以提高产品和服务的质量，提高社会效益和经济效益。

然而，竞争也会导致资源过度集中，市场过于垄断，以及有些传媒机构片面追求经济效益等问题。

5. 改革

改革是目前中国传媒市场特有的功能。改革开放以来，中国传媒的市场化运作，不断推动着传媒业借鉴现代企业制度，争取独立的经营自主权，要求跨地区、跨媒体经营，同时通过集团化运作整合和提高市场竞争力，让有条件的传媒机构实行企业化转制。

市场也为传媒改革提供了条件。如广播电视系统拟实行节目生产的社会化，除了新闻等少部分节目外，其他节目的制作和播出逐步分离，这需要节目市场体系的配合。

第二节　市场功能和机制

计划经济体制时期排斥市场的作用，新闻机构"坐吃皇粮"，效率和效益水平低下。随着社会主义市场经济体制的形成，传媒市场也迅速发展起来，产生了很好的经济和社会效益。同时也伴随不少问题，包括市场体系不够健全、市场管理经验不足带来的传媒市场负面影响，因此需要深入研究和探索市场的作用和机制。

对传媒机构而言，现在基本实现资源从市场上获取，价值从市场上实现。调查、寻找、适应、占领、开拓市场已经是传媒生存和发展的基本活动。因此也必须对市场机制有系统科学的把握。

一、作用

市场能促进流通、集散信息、调节供需、推动竞争和优化资源配置。在目前的经济和社会发展阶段，市场的许多积极作用是无可替代的。

市场机制还促使传媒机构面向受众，最大限度地吸引受众；改进业务，改进传媒制作和传播质量；提高工作效率和经营管理水平。目前大众媒介市场还有改变过去单一的行政化管理、促进传媒全面改革和发展的特殊意义。充分发展和利用市场，是中国传媒现代化的必由之路。

此外，传媒市场也有不少消极作用。会引导传媒片面追求盈利，降低社会责任心，趋于媚俗和哗众取宠，甚至搞剽窃盗版等。市场体系不够完善，规范不够健全，竞争不够公平，有些机构故意采取不正当竞争手段，阻碍市场积极作用的发挥，导致消极影响的产生。

中外实践都表明，传媒市场对公众、社会和传媒都有很复杂的利弊关系。必须认真分清其利弊，探明其规律，科学地调控它、利用它。

二、机制

市场机制有供求机制、价格机制、竞争机制、利率机制、汇率机制、收入机制等。市场机制是市场运行中的重要调节手段和方式，对资源的合理和有效配置，对经济的良性、快速发展和素质提高，具有十分关键的作用。

中国传媒发展迅猛的原因很多，有国家政治经济体制的改革、经济建设、科学技术的发展、社会的城市化、受众经济条件和文化水平的提高等，而市场机制的形成，既是最重要的原因之一，又是许多其他因素的得以充分释放能量的重要根源。如果像过去那样，没有供求机制，受众的需求对传媒不产生什么影响，或没有竞争机制，大家仍吃"大锅饭"，那么其他环境条件再好，传媒仍旧会原地踏步。

目前中国的传媒市场中，利率、汇率和收入机制与其他产品市场基本相同，而供求、价格和竞争机制则有其特殊的一面，又是各种市场机制中最重要的。

1. 供求机制

市场供求机制是指协调供求关系的机制，主要表现为供求双方的相互影响、相互调节。具体反映在对供求的数量、种类、价格、方式等方面的调节，使供求的不平衡（供不应求或供过于求）趋向于供求相对平衡，又从原有的供求相对平衡出发，产生新的供求不平衡，进而达到新的更高层次的供求相对平衡。

物质需求的满足有"定量"，人吃饱了就不吃了，微波炉一个家庭有一个就够了；而精神需求不但不会因满足而消失，反而会由满足而产生更多更强的需求。

传媒可以在倾力满足受众和广告客户的需求以赢得市场青睐的过程中，提高效用，降低价格，改进服务，刺激需求的增加。需求的发展又可扩大市场，为传媒的发展提供重要条件和强劲动力。如此形成供求相对平衡—不平衡—更高层次的相对平衡，从而进入良性循环。

影响供应变动的市场内部因素主要有：市场需求、价格、替代品的价格、产销技术、劳动生产率、生产要素价格（构成生产成本的劳动力、资本、土地、原料等价格）、供应者的目标和市场预测。市场外部因素有政府调控、社会禁忌等。

影响需求变动的因素主要有：供应、价格、替代品的价格，需求者的数量和质量、习惯和预期、购买能力和消费偏好。

传媒的市场需求主要有两种：一是受众的需求；二是广告客户的需求。此外还有传媒机构对传播内容的需求，如向新华社订购稿件，向电视台购买节目等。此外，传媒市场上的需求并不都是应予以满足、得到鼓励的，那些低级趣味的需求，就须加以必要的引导和调控。

影响传媒市场需求的变动因素主要有：人口的数量和结构，受众的媒介购买能力和消费能力（如阅读报刊的能力）、消费偏好，媒介效用、价格、获取的方便程度，其他替代品，广告客户的需要和购买力。

计划经济体制时期，人们的传媒需求对传媒供应的影响很小。与此同时，"吃皇粮"的供应方也不大关注需求，传媒种类、数量、价格、内容均受严格的计划管理和指令控制，传媒机构缺乏经营责任、自主权和利益分配权，供需不能有效地互动。

改革开放以后，受众和广告客户对媒介的需求量迅速增加，现在自费购买的报刊已占报刊发行量的绝大部分，公费购买报刊和广告服务产品中，摊派性的减少了，自主自愿性的增多了。供应方面，实行企业化管理和市场化运作以后，新闻机构产生了满足市场需求的强大内驱力，同时又有了一定程度的经营自主权，包括广告发布权、价格确定权、报刊发行权和一定程度的利益分配权。市场的动向，受众和广告客户的需求、爱好、接受习惯和心理等，都得到了很大的重视。这些都使供求双方的联系变得紧密，形成相互促进、相互提升的良性循环。

2. 价格机制

市场价格机制一般可分解为价格决定机制、形成机制和波动机制。

从决定机制来看，商品价格的决定基础是价值。在市场中，价格的决定基础又表现为生产价格，即生产成本加平均利润。

商品价格的形成与供求关系密切相关。供大于求价格就低，供小于求价格就高，只有当供求相对平衡时，市场价格才与价值或生产价格大致相符。

商品价格是经常波动的，又总是以价值或生产价格为轴心上下波动。导致波动的因素主要有供求关系的变化、价值或者生产价格的变化、货币币值的变化。

市场价格机制的功能主要有传递市场信息，调节供求关系，调整经营规模和方向，促进社会资源合理有效地配置，推动传媒机构引入科学的经济体制、经营方略和管理办法，不断提高效率、降低成本，提高质量和信誉，以相对低廉的价格（相对于产品的价值和竞争对手的价格）赢得市场。

市场价格机制要达到充分有效的程度，必须激活供求机制，不受过多的约束；供应主体的行为市场化，有足够的经营管理自主权；市场结构合理，体系完整，商品市场、生产要素市场、信息市场和市场调控系统完备和成熟。

在中国的传媒市场上，供应主体已在一定程度上实现了市场化，有一定的经营权和管理自主权，新闻媒介和广告服务的价格已基本放开，价格机制已在相当大的程度上起作用。但新闻机构的经营自主权仍较有限，价格机制仍经常受到市场分割、垄断经营、行政干预的限制。

3. 竞争机制

市场竞争机制是指各经济主体（现在主要为市场供应者）运用价格和非价格的手段（如提高质量、改进服务、树立企业和产品的形象）进行市场竞争，产生利益盈损、优胜劣汰。

受众的闲暇时间、购买能力、消费能力都是有限的。在现代传媒市场，广告总量主要取决于经济、社会的运行方式和发展水平，与传媒的此消彼长关系不明显，不在这里做广告就在那里做，媒介再多也就是瓜分这些广告费。随着媒介的迅速增多，尤其是数字化和卫星技术大大增加了广播电视频道和网络媒体的数量，争夺受众和广告市场的竞争也日趋激烈。

竞争能奖优罚劣，激人奋进，有力地提高产业组织的素质和运行效率，使市场供应者面临压力，尽力降低成本和价格，提高产品质量和服务水平。为此，要充分开发利用生产要素，提高工作效率和积极性、创造性，采用先进技术和设备，改进经营策略和管理方法，积极寻找和满足市场需求，努力提升自身的质量和水平。

竞争能使资源流向利用效率相对高的地方，形成合理配置，竞争带来的优胜劣汰更是如此。

竞争能带来优胜劣汰，扩大优秀企业的规模，提高它们的竞争能力，包括国际竞争力。

对于中国传媒业来说，市场竞争还可促使新闻媒介在一定程度上克服唯上唯权、无视群众等痼疾，更好地服务社会和受众。

对买方来说，竞争可使产品和服务数量充足、品种丰富、质量提高、价格降低、选择余地扩大。

传媒的竞争包括争夺受众和广告客户两个市场，而在一般情况下，广告跟着受众走，因而最根本的竞争是吸引受众的竞争。具体表现为媒介产品和服务的效用、价格和方便性的竞争。

同时还要努力提升竞争的层次，或者说使竞争高级化。从以价格竞争为主转向以质量、服务等非价格因素的竞争为主，从以小规模、低水平竞争为主转向以大规模、高水平竞争为主，国际竞争中从消极防御转向积极参与。这种提升要靠各种条件的辅助和传媒机构的努力，而不能靠行政命令拔苗助长。

三、市场机制所受的制约

现在中国仍处于改革转型的过程之中，传媒的市场机制还受到一些主客观因素的影响。主要有：

（1）产权关系不明确，资产的最终所有权和法人所有权未彻底分离，国家财产与传媒机构自有财产难以界定，国家与传媒机构之间的经济利益划分很模糊，传媒经营管理者的责、权、利联系不紧密。

（2）地区、行业分割，信息、许可、广告、市场等资源的行政性垄断导致竞争机会和条件不平等。

（3）法律规范不健全和执法不严，有些不正当竞争也未受到及时有效的限制。

这些问题都对竞争机制乃至整个市场机制形成制约，以致产生优不胜劣不汰、资源大量浪费等问题。1997 年的传媒整顿中，取消了大量报刊和广播电视站台，其中许多就是没有足够的市场基础、经济效益和社会效益，主要靠非市场手段维持的。

此外，市场机制也还需受到一些必要的制约。由于市场也有"失灵"，由于市场是以经济效益为导向的，而大众传媒对政治、经济、社会、文化等各个方面都有很大的影响，不能完全以经济效益为导向，完全由市场机制来决定其变化和发展。必须通过必要的调控，使传媒市场机制在保证社会效益的前提下发挥作用。

第三节　发展和运作

一、发展概况

纵观历史可以看出，在传媒市场的形成和发展过程中，受众的需求是直接因素，政治、经济是主要条件，竞争是主要动力。反过来，传媒市场的形成和发展又对社会和传媒自身的发展产生很大影响。

传媒史上，官方用传媒来发布消息进而生成官报，政党用传媒来进行宣传进而生成党报，工商企业用传媒来发布信息进而生成广告。这些都是出自传者的需要，不足以构成完整的传媒市场。只有受众对传媒的需要，形成受众市场需求，才促成与之相应的市场供应，形成传媒商品的市场交换。

最早的报刊是官报，由官方主办，为官方服务，经济物质条件由官方提供。其发行流通即使用货币结算，也基本上是官方支出，市场机制基本不起作用。

后来出现的政治和党派报刊，经济上基本也不按市场规律运作。虽然这些报刊中的一部分也通过市场交换到达受传者，但由于其供应方不是独立的市场主体，市场机制不起多少作用，因而只能说有了狭义的传媒市场和有限的传媒商品性。完整的、广义的传媒市场，充分的传媒商品性，形成于商品经济有了很大发展之时，在满足受众和广告客户需要的过程中发育成长起来。虽因社会的制约和自身的不足，成长过程中历经曲折，但由于受众和社会需要的存在与发展，该市场也终究能于反复曲折之后，在更深厚的基础上发展至今。

在西方，传媒市场的形成和发展，是在资本主义经济、政治和思想发展的条件下，以资产阶级与封建势力经过长期斗争而获得言论出版自由为基础和保障的。传媒市场又对资本主义社会的形成和发展，对传媒事业和有关的理论、业务，起了很大的促进作用。

然而传媒市场上的自由又成了资本拥有者的自由，由此引起学者对资本主义社会缺乏责任心的忧虑，出现了传媒的社会责任理论。该理论出世半个世纪以来的实践证明，在不改变原有的社会和传媒体制的条件下，仅诉诸人们的社会责任心，至多只能起一些治标的作用，并不能从根本上改变传媒市场受少数人操纵，不能很好地为社会和公众服务的局面。

在中国，传媒市场长期以来随着受众需求和商品经济的发展，政治和思想观念的变化，自发自在地存在、艰难曲折地生长；直到1978年改革开放以后，才进入了空前有利的环境，比较自觉自为地发展起来。

二、中国传媒市场的发展

1. 中国古代报刊市场

中国最早的报刊——唐代的邸报，是地方军政机构派驻朝廷的邸吏向地方传发的手抄报状，传播不公开，只在官僚机构之间传播，读者为地方高级官员。此时不存在传媒的市场交换。

公元 981 年，北宋朝廷开始对各州驻京的进奏院实行统一管理，由进奏院负责的邸报开始具有中央政府官报的性质，且定期连续发行，一部分用于印刷，有上级拨给的印刷经费。读者扩展到京兆、地方的各级官员和士大夫知识分子。

北宋出现了民间创办、传卖于民间的小报，以刊载新闻和时事性政治材料为主。南宋时，小报盛行起来。徽宗时期以后，逐渐地专业化，有些人专以制售小报为生。有些小报也用于印刷。中国的传媒市场自小报始有独立的供应主体，但小报从诞生起就被当作非法出版物，受到越来越严重的查禁，其市场属于非法市场。

南宋有了卖邸报的店铺，即有了传媒的市场交换，但市场上还没有独立的供应主体。

元代中断了两宋时期确立的邸报发布制度，民间有雕印发卖的"小本"，与宋代的小报相近，但受到更严厉的限禁。

明代官方的"京报"也是中央级的官报。民间的邸报自明代中叶以后日趋活跃，出现了专门的报房和从事抄报工作的行业，以制售邸报博取轻利，还编写发卖不定期的、报道社会新闻的小本"报帖"。中国有独立并合法的市场供应主体、可以公开的报刊市场，最晚也就自此形成。

清代邸报也称京报，由中央机构发抄，再由各省驻京的提塘官抄录传送到地方，费用各省分担。民间报房所出的京报，内容也都来自内阁和官文书发抄机构，没有自己采写的新闻和言论，除了营利，也无其他办刊宗旨、编辑方针。因此京报仍不是真正的近代报刊。

2. 中国近现代报刊市场

中文的近代报刊最初大多为西方传教士所办，以宣传西方文化和思想为主，有传教经费支持，基本不进行市场运作。1815 年创刊于马六甲的

《察世俗每月统记传》和1833年创刊的《东西洋考每月统记传》都是如此。

外文报刊中最早的、1822年创刊于澳门的《蜜蜂华报》和1824年续办的《澳门报》，是葡萄牙执政党所办的葡文报，影响不大。此后的英文报刊则主要是商业性的，以市场经营方式运作，成为当时影响最大的外文报刊。如1927年英国商人所办的《广州纪录报》，1831年美国商人所办的《中国差报与广州钞报》，1835年英商所办的《广州周报》。

中文的商业性报纸始于1858年创刊的《香港船头货价纸》。1872年英商在上海创刊、后由中国人参股以至买下所有股权的《申报》，则是中国近、现代报刊中最成功的商业报。1893年创办的《新闻报》直追其后，很快与《申报》双峰并峙，成为中国发行量最大、影响面最广、对报刊业务水平提高贡献最突出的两份报纸。

面向受众，积极参与市场竞争，是两报成功的关键。以《申报》为例，它当年创办时，市场上已有办了十年多的中文商业性报纸《上海新报》，该报是上海最早的近代报刊北华捷报集团所办，经济实力强，信息来源多，纸张印刷质量高。《申报》紧紧围绕市场需求，采取了一系列有力的竞争措施：任用中国人主持笔政，以适应中国读者的口味；重视言论和新闻，特别是社会新闻；做出"替中国人说话"、做"华人之耳目"、庇护和推美华人、为华人着想的姿态，博得华人的好感和信任；发表不少中国文人（当时的主要读者群）的作品；扩大刊登中国人感兴趣的广告；用中国土纸、保持较低的价格。而《上海新报》则一直以西人为主笔，与中国读者的口味隔了一层；很少发表中国文人写的东西；不注重言论；广告主要面向洋行；价格由每份30文铜钱降为与《申报》同样的8文后，仍使用较贵的进口白报纸。[①] 然而市场需求主要是对报纸内容的需求，《上海新报》在纸张和印刷上的考究，与《申报》在内容上的优势比较起来，市场影响甚微，而成本却很高。该报终因亏本太多，只得在《申报》问世当年年底停刊。

两报的竞争促进了办报水平的提高和价格的降低。《上海新报》在上海的中文商业报刊市场上独领风骚十年而无竞争对手，也无多大改进。《申报》诞生两个月，《上海新报》便由每周三日刊改为和《申报》一样每

---

① 马光仁. 上海新闻史（1850—1949）［M］. 上海：复旦大学出版社，1996：58-64.

日出报、星期天休刊；价格也降至原价的四分之一。《申报》的业务和经营水平很快在中国报业首屈一指，并能长期维持，除了由于自觉地面向市场，面向读者，也与《上海新报》及后来的《沪报》《新闻报》等的竞争有很大关系。《上海新报》停办后，《申报》排除了市场竞争对手，价格马上由零售每份 8 文钱涨为 10 文，批发每份 6 文涨为 8 文。[①]

1895—1898 年的维新运动期间出现办报刊热潮，全国出版的中文报刊一百一二十种，超过了外文报刊。1899—1911 年的辛亥革命准备时期，中国人在国内新出版的中文报刊约 1 300 种，成为报刊市场的主角。

1912 年民国建立，在《临时约法》中宣布"人民有言论著作刊行及集会结社之自由"。当年，全国报纸陡增至 500 家，总销数达 4 200 万份。两个数字均突破了历史纪录。[②]

1912 年 3 月袁世凯窃权后，在军阀、官僚的摧残下，大量报纸被封禁，报人被捕杀，至 1913 年底，全国继续出版的报纸只剩 139 家。1916年袁世凯死后，恢复了《临时约法》，至年底新老报纸达 289 种，比上一年增加了 85％。但当权的军阀待羽毛稍丰，马上又对报刊和言论自由横加限禁。至 1918 年底，全国报纸总数降为 221 种，比两年前减少 23％。

1919 年"五四运动"中又涌现出办报热潮，新出进步报刊 400 种左右。1921 年全国报刊达 821 家，1925 年至千家，1937 年为 1 031 家，1947年在国民党统治区为 1 781 家。

中国许多近现代商业性报纸的广告篇幅占报纸版面总数的一半以上，广告收入成为这些报纸生存和发展的关键。《申报》自 1915 年 4 月，报纸的广告版面超过了新闻、副刊的版面，1934 年广告收入占营业额的 75％。

正因如此，经济环境对这些报纸就尤为重要。《申报》《上海新报》两报都在上海，正是由于当时上海已是全国的经济中心，也成为商业性报纸的基地。20 世纪 20 年代姚公鹤写的《上海报纸小史》中说，在上海，以全国大商埠之故，有特别之广告凡四类：戏馆、医药、书籍和商界往来出入等杂项。这些都是上海报刊的"当家广告"、重要收入，因而也是上海报刊市场能比京城还红火的重要原因。

---

① 徐载平，徐瑞芳. 清末四十年申报史料［M］. 北京：新华出版社，1988：89 - 90.
② 方汉奇. 中国新闻事业通史：第 1 卷［M］. 北京：中国人民大学出版社，1992：1014.

　　然而在旧中国半殖民地半封建的社会里，传媒市场无法得到正常的发展。虽然在民主思潮和进步力量的促动下，在不损害当权者利益的范围内，实行了一些资产阶级新闻自由，颁布了《新闻法》，新闻机构与国民党及其政府在形式上脱钩等，但统治者的封建性仍占主导，不断压制、迫害进步报刊，进行报纸的刊前检查，用特务手段摧残进步报人，连民营的商业性报刊也不能幸免。

　　《申报》的命运又是比较典型的。作为当时发行量最大的民营商业性报刊，《申报》置身于租界，主要面向市民，内容尽量客观，避免得罪当局。然而仅 1930 年 2—10 月，就在国民党政府的新闻检查下，被迫临时挖掉印刷铅版、报纸开天窗达 9 次。1931 年报纸转向进步，1932 年 7 月，蒋介石在一封信上批示："申报禁止邮递。"当时《申报》很大一部分报纸发往外地，靠邮局递送。自 7 月 16 日起，许多报纸都被弃置于邮政总局地下室，每隔一天的深夜运到龙华焚毁。邮局的几个读者看了心痛，于 7 月 20 日写信告诉报馆，《申报》老板史量才方知此事，赶紧找人斡旋，并答应国民党的部分条件，报上的评论态度缓和，总编辞职，禁邮 35 天后，《申报》恢复邮递。1934 年 11 月 13 日，史量才被国民党特务暗杀。① 抗战时期，《申报》《上海新报》两报均被日伪劫持；抗战胜利后，两报又落到了国民党当局的直接掌握之下。

　　中国民营报业还尝试过建立报业托拉斯。成舍我的"世界报系"、胡政之等办的"新记大公报"最后都没有成功。

　　3. 新中国的传媒市场

　　1949 年中华人民共和国成立以后，传媒业一度为公营、私营、公私合营并存，包括报刊和广播电台。由于长期战争后物资匮乏，纸价上涨（纸价一般占到报纸总成本的 70%），社会购买力低，读者范围不广，公营、私营的报纸都发生严重赔耗，政府和社会不胜负担。1949 年 12 月，刚成立 1 个月的中央人民政府新闻总署召开全国报纸经理会议，决定报纸采取企业化经营，"必须把报社真正作为生产事业来经营，逐步实行经济核算制"，主动地刊登有益于国计民生的广告，公营报纸也要争取最大可能的自给程度。

---

　　① 宋军. 申报的兴衰［M］. 上海：上海社会科学院出版社，1996：125，155－157.

　　在此方针下，许多报社尽可能提高效率，减少人员，降低开支，并尽力发展广告业务。如《新华日报》的广告收入原来只占总收入的28%，实行企业化经营后，增至总收入的42%。但有些报社的同志仍认为报纸是文化事业，不能当作生产事业来经营，有的仍持"赔多少向公家报销多少"的思想。对此，中宣部在1950年9月《关于实行企业化经营情况的通报》中进行了批评。1951年，中央和各省、自治区、直辖市的主要报纸基本上消灭了赔耗。

　　1950年起，全国报刊学习苏联及我国东北、山东的经验，交邮局统一发行，即实行邮发合一。这在当时发行能力有限、发行渠道不畅的情况下，提高了工作效率，扩大了发行量。然而邮发也有短处，如报社得到市场反馈慢而间接；零售多一道环节，时间和费用增加；送报得按邮局的投递时间、不够及时。

　　1953年进入第一个五年计划以后，国民经济进一步好转。各行业进行公有化改造，计划经济范围扩大，程度提高。1954年下半年，《人民日报》从中宣部领导改为中央直接领导，各级地方党报也由党委直接领导。其他报纸和广播电台大部分一直是公有的，少部分非公有的也通过公私合营和国家赎买逐步公有化，至1956年改造完毕。

　　此后作为事业单位的新闻机构，日益成为党政机构的一部分，实行机关化管理。公费兴办、统收统支、专款专用，管理和采编工作者都是国家干部编制人员，由政府支付薪金。大众媒介的容量（如多少版面）、价格等都按党政机构的规定执行。大部分报纸由公款订阅，报纸和广播电视都没有商业性广告。在市场上销售的收入也全部归公。市场机制基本不存在，为受众服务缺乏足够的内驱力。在指导思想有误的时候，传媒更是与人民群众的需求严重脱节，甚至与人民的利益相对立。

　　1956年7月1日，《人民日报》正式改版，由过去的每天4版扩为8版，在改版告示《致读者》中宣布从三个方面改进：第一，扩大报道范围；第二，开展自由讨论；第三，改进文风。其他报纸和广播业也纷纷效法，一时兴起了传媒改革和发展的热潮。

　　这场改革的总方向是面向读者和听众，以受众为中心，从各个方面使传媒更好地为受众服务。改革带动了事业的大发展，报纸内容和形式更为丰富，报纸的种数也从1955年的249种跃升为1956年的1 236种。

　　然而，这些新闻思想和改革实践，还没有来得及形成对传媒各种功能及经济规律的全面认识，缺乏体制上的保证，在 1957 年的"反右斗争"中迅即夭折了。此后大众媒介越来越接近于纯宣传品。由于对传媒的认识有较大局限，经济上又缺乏"造血"机制，尽管国家十分重视，仍种类很少，层次缺乏，结构失衡，传媒的信息传递、舆论监督、社会服务等功能得不到很好的发挥。

　　1978 年底，党中央在拨乱反正中确立了以经济建设为中心、实行改革开放的方针，为社会主义市场的发展也开辟了道路。此后，对市场的认识逐步加深。1981 年，党的十一届六中全会提出计划经济为主，同时充分发挥市场调节的作用。1984 年，党的十二届三中全会提出社会主义经济是有计划的商品经济。1992 年，党的十四大提出经济体制改革的目标是建立社会主义市场经济。1997 年，党的十五大又提出许多深化市场经济建设的设想。随着认识的提高，中国经济和市场的发展一浪接一浪，广度和深度不断加大。

　　传媒跟着经济体制改革的步子，逐步实行企业化管理，产生了创造经济效益的强大动力。传媒沟通信息、服务经济等功能，从市场上得到经济回报的合理性和积极意义，也在理论上得到了确认。1979 年报纸和广播电视恢复刊播了商业广告，到 1992 年，广播电视的广告收入就已和国家拨款相当。现在广告收入已成为传媒的主要经济来源。同时，大众媒介迅速增多，容量不断扩大，质量和效益迅速提高。与此相适应，一个规模广大、影响深远的社会主义传媒市场很快发展壮大起来。

三、市场化运作

　　所谓市场化运作，就是资源从市场上获得，效益从市场上实现，在这一过程中利用市场机制，运用市场营销方法，优化资源配置，提高运行效率，扩大市场效果、经济与社会效益。

　　企业化管理的传媒机构需要从市场上获得尽可能多的经济回报，以增加收入和利润，实现经济上的自我补偿、自我积累、自我发展，从而形成走向市场、进行市场化运作的强大内驱力。与此同时，大众媒介的商品性，新闻机构的经济属性，传媒业的产业属性，传媒市场的功能和作用等理论问题也在多次反复后排除了"左"的干扰，得到了较为统一的认识，一些因提倡传媒走向市场而受到责难的专家学者也逐步得到追捧，成了"先知先觉"。

市场经济的发展又提供了良好的环境，给大众媒介扩大了资金、物资、设备、信息等来源和社会对信息的需求，创造了许多需要做广告又做得起广告的经济主体，对外开放的市场经济环境还吸引了许多来自境外的广告客户。市场经济体系的建设给传媒提供了不断健全和完善的市场环境。如生产要素市场——如果没有资金、物资、人才等市场，传媒也就谈不上资源从市场获得；产品流通市场——包括报刊、电视节目、媒介广告等交易市场；以及必要的市场管理——工商、质量、财税等管理，包括广告管理。

改革开放之初，日报等机关报主要还是靠公费订阅来发行，而晚报和其他社会生活类报纸在许多地方不能进入公费订阅系列，只能从一般市场上销售。市场化运作成了这些报社生存和发展的必要条件。于是能否受自费购买者的欢迎成了这些报纸生存和发展的关键，满足读者的需要和爱好成了这些报社的核心追求。没过多少年，这些报纸的吸引力越来越强，市场份额越来越大。许多读者甚至宁看自费的晚报，也不看公费的日报。广告跟着受众走，各地晚报（"都市报"相当于晚报，最初只是为了避免与"晚报"重名、获得办报许可而采用"都市报"之名）的经济效益基本上都高于当地的日报。有了经济实力后，设施条件、人才队伍、技术水平等也都不断提升，使报纸质量不断提高，形成良性循环。

此后一些机关报社也办起了晚报和其他社会生活类报纸，同时进行自身变革，通过一定程度的市场化运作，有力提高报纸的受欢迎程度。

报刊发行渠道多样化是市场化运作的成果之一。1950 年起我国实行"邮发合一"：依靠各地邮局进行报刊征订、运输、投送。报刊社实行企业化管理、市场化运作以后，不满意于完全的"邮发合一"。第一是代价高，邮发的费用是报纸零售价的 35%，而且收订报纸所得款不是一次性付给报社，而是分期付，不利于报社的资金利用。第二是报社难以考核发行质量。如果出现读者没有收到所订报纸的情况，报社只能与邮局协调，难以采取及时的补救措施，报社也难以因发行质量问题去扣邮局的款。第三是不能充分满足读者的需要。不同的报纸对不同的读者，在发行时间、方式上有不同的要求，有的要早些，有的要零售点多些，等等，而邮发不能予以充分满足。

1985 年起，有的报纸开始自办发行。至 1990 年，全国已有 1/3 以上报社自办发行。有些报社的发行网又承接其他报社的发行业务，成为新的发行系统。另外，许多地方又建立了专门的发行公司，还出现了公有制以外的发行企业。报刊可自由选择邮发、自发、委托发行企业或自己直接零售。各种发行渠道和方式可满足不同的报刊和受众，各种发行渠道之间的竞争又使发行工作提高了效率，降低了成本，改进了服务，方便了受众，扩大了发行量。如许多邮局为及早把报纸送达读者，实行了信、报分投。有的邮局为解决报刊丢失等问题，还在内部实行挂号信式的交接制度。

1992 年邓小平南方谈话和党的十四大以后，发展市场经济成了社会共识，中国传媒的市场化运作在理论和实践上获得了长足进展。新闻单位也日益重视学习、研究和使用市场策划、市场调查、市场定位、市场营销、品牌战略等理论和方法。结果是谁走向市场早，谁就早得益，谁市场运作水平高，谁就早受益、多受益。

第四节　市　场　调　控

市场调控其实是指调控市场、对市场调控，有别于市场调节、市场起调节作用。

对传媒市场的调控，既要有足够的力度，还要把握好范围和程度，尽可能避免不必要的或过度的限制和垄断，减少对市场机制和舆论监督等功能的影响。

一、市场的局限

之所以要对传媒市场进行调控，主要是由于市场存在以下局限性：

（1）市场主体会在私利、权力、财势、老观念、老习惯等影响下，采取有利于自身而外部不经济的行为，或偏离竞争的公平、公开、公正原则，进行不合理或不正当的竞争。

中国的传媒市场还不完善，尤其需要加强这方面的研究和调控，保护公平合理的竞争，排除不合理竞争的因素，惩治违法行为，保障市场健康有序地发展，包括保障各传媒在获取、报道新闻上享有必要的公平权利，在发行和获得广告上享有必要的公平机会，防止以经济、行政等手段和违禁、欺诈等行为进行不正当竞争。

（2）市场不能自动树立宏观、长期目标。市场活动的主体是分散的，受认识范围、所处环境和自身利益的局限，因而市场上往往在有些方面过热，在有些方面又不足。这就需要通过调控，引导市场服从、服务于宏观的、长期的目标，保障市场协调、高效地发展。

社会对信息产业的需求不断加强，信息产业在中国的比重逐年递增，传媒业也当继续以较快的速度发展。要通过全面规划、协调、调节和检查，保证动态发展中的平衡和高效，保证有关高新技术的研究开发和利用，同时避免盲目发展带来的损失。

（3）市场不能充分满足公益的需要，还会降低有些传媒的格调。市场的基本法则是营利原则，追求利润的最大化，而有些公益性的行为并不能带来相应的经济利益，有些传媒还会在市场的诱导下片面追求经济效益，迎合低级趣味，放弃社会责任。

二、调控的目标和对象

调控的总目标是使传媒市场既健康，又迅速、充分地发展，提高传媒生产力，发挥积极作用；同时抑制、防止市场的消极作用。具体目标当有：

（1）保障市场健康有序地发展。现在普遍存在的虚报发行量也是一种欺诈行为，对公平竞争和广告主的利益的影响很大。

（2）保障市场协调高效地发展。有些对传媒业会有巨大影响的高新技术的研究开发和利用，如多媒体和高清电视，也需要宏观调控来保障。

（3）保障传媒积极作用的发挥。中国的传媒市场不仅属于文化市场范围，更属于宣传和意识形态阵地。必须保障宣传的需要和国家意识形态的需要。同时也要保障其他方面的信息传播、宣传指导、舆论监督、介绍知识、提供服务和娱乐等作用。有的传媒承担特殊任务，如对外宣传、公益广告，在经济上几乎为纯付出，应当得到社会的补偿。有的传媒为私利而放弃社会责任，应当受到社会的约束。

（4）引导传媒创造良好的社会效应，防止不好的社会效应。尽可能把传媒的社会效益与经济效益联系起来，通过表彰与批评、奖励与惩罚，提高受众的素质，使他们在传媒市场上能做出明智的选择，这是对传媒更为经常性的调节。

调控的对象主要为市场主体和市场运行过程。

市场主体包括供应者和消费者，市场调控主要作用于前者。对传媒市场来说，包括制定和执行传媒工作规范；进行思想教育和政治把关，引导传媒方向；提供有关宏观环境和市场变动的信息；科学、严格地核查发行和收视收听情况；控制虚报发行量等欺诈和不正当竞争行为。同时也要引导媒介消费者和规范广告消费者。

对市场运行的调控主要为制定和执行市场运行规范，包括传媒流通和广告运作规则；创造公平、公正、公开的竞争环境；保护传媒消费者的权益。

三、调控的方法

调控要按社会效益第一、经济效益第二的原则，放管结合，注重引导。调控的具体方法除一般的市场管理外，还有针对传媒市场的方法，可分为正式的和非正式的，正式的有法制的方法和党政权力的方法，非正式的有思想的方法、经济的方法、社会的方法和自我的方法。要提高调控的规范化、法制化程度，并尽可能减少行政的硬性方法，增加经济的、社会的弹性化方法。实施这些方法还要健全和完善相应的调控系统，包括立法、司法、仲裁系统，党政管理系统，行业管理系统，传媒调查、统计、评议机构。

1. 法制的方法

法制的调控手段就是有关法的制定和执行，包括宪法、法律，国家和地方制定的行政法规、部门规章，如工作条例、规定等。

传媒市场需要有三个方面的法制规范：

（1）市场主体的权利、义务、责任和控制。市场主体包括市场的供方和需方。供方就是传媒的制作和传出方，需方主要是受众、用户和广告客户。

（2）市场运行的秩序。

（3）市场调控行为本身。

法的制定和执行决定了传媒及其市场的基本状态。而对传媒及其市场的认识又影响和制约着有关法的制定和执行。

马克思指出："没有新闻出版自由，其他一切自由都会成为泡影。"①"新闻出版法就是对新闻出版自由在法律上的认可。它是自由的肯定存在。它认为自由是新闻出版的正常状态，新闻出版是自由的存在；因此，新闻出版法只是同那些作为例外情况的新闻出版界的违法行为发生冲突。"②"没有关于出版的立法就是从法律自由领域中取消出版自由，因为法律上所承认的自由在一个国家中是以法律形式存在的。"③

1917 年 11 月 10 日，列宁签署的《关于出版问题的法令》："在新的秩序确立之后，政府对报刊的各种干预将被取消。到那时，报刊将按照这方面所规定的最广泛、最进步的法律，在对法院负责的范围内享有充分自由。"④

这些论述是在建立和完善关于市场主体的法制时必须遵循的指导思想。中国还没有专门的新闻法或大众传播法，但在宪法和其他法律中已有这方面的基本条款。还要以法律、法规和规章制度给传媒市场提供更完备的"游戏规则"，保护公平竞争。对剽窃盗版等违反著作权的行为，对垄断信息源、强占发行和广告市场、虚报发行量等不正当竞争和商业欺诈行为，予以明确的限禁和有力的惩罚，把市场放在一个既合理公正又操作性很强的法制框架内。

2. 权力的方法

这里的权力指的是政治和政府权力，可直接作用于传媒机构和人员，

① 中共中央马克思恩格斯列宁斯大林著作编译局. 马克思恩格斯全集第一卷：第二版［M］. 北京：人民出版社，1995：201.

② 中共中央马克思恩格斯列宁斯大林著作编译局. 马克思恩格斯全集第一卷：第二版［M］. 北京：人民出版社，1995：175-176.

③ 中共中央马克思恩格斯列宁斯大林著作编译局. 马克思恩格斯全集第一卷：第一版［M］. 北京：人民出版社，1956：63.

④ 杨春华，星华. 列宁论报刊与新闻写作［M］. 北京：新华出版社，1983：619.

也可通过市场之手。方法包括行使权力的硬性手段和工作指导、思想教育等柔性手段。

中国主要报纸是党报，其他传媒也在党的领导下进行工作。中央到地方的宣传部门对传媒进行思想上、行为上、人事上的指引和把关。传媒市场上如出现偏离和违背党性原则的现象，党政部门也要予以纠正。

政策、纪律、指示和思想教育是党政部门调控传媒机构、影响传媒市场及传播行为的经常性措施。纪律和政策是比较基本的、普遍适用的，指示则是随时的，往往适用范围比较有限，却被任意扩大。思想教育内容包括政治、纪律、法制、道德等诸多方面。

行政管理手段在传播历史上有过以下几种：

（1）审批制。组织和个人要建立、合并、转让传媒机构，进行传播活动，须符合一定的条件，并经政府批准。

（2）传前检查制。即公开传播前报送有关部门审查批准。

（3）传后追惩制。即公开传播后对违规情况进行追究惩罚。

（4）征收"知识税"。如英国 18、19 世纪时对报刊征收特别的印花税、广告税和纸张税。

（5）津贴制。对拥护、支持政府的传媒和新闻界人士进行赞助。

（6）分配制。对广播电视频率和频道进行分配。

（7）控制信息。包括政府自身的信息，收集来的信息和境外的信息。控制方法有限制、透露和强化突出。

这些手段中，征收"知识税"已被废除。传前检查制也因大多数情况下弊多利少，在大多数地方已被废除。其他手段如果使用不当也会有较大的副作用，不利于传媒的正常发展，因此必须十分谨慎。

要保证传媒把社会效益放在首位，而市场机制、法律手段都不能充分保证这一点。社会效益与经济效益并不总是一致的，市场机制却只是以经济利益来引导。法律手段可以对人们达不到合法标准采取措施，但不能强迫人们符合更高的行为标准，比如不能解决道德问题。

因此要保证传媒把社会效益放在首位，还要靠组织人事的方法、思想教育的方法和行政的方法。行政上以社会效益为标准，对传媒进行取舍扬抑，进行鼓励、支持、表彰、奖励或限制、惩罚。同时也要辅之以经济的办法和社会的力量。

对于目前整个传媒市场来说，市场供应主体的传媒是事业单位，有事业经费的支持，难以通过正常的市场竞争实现优胜劣汰，也需要行政手段来治散治滥，关停并转掉那些不达标准的传媒，支持那些质量高、效益好的传媒。

行政手段具有权威性和强制性，作用直接，生效较快。但如果主观片面地指挥，甚至携带私利地用权，则副作用也会较大。长期以来我们过于依赖行政手段，有时十分粗暴地违背传播规律、新闻规律和经济规律，压抑和扭曲了传媒及其市场的发展。现在传媒市场上的不公平竞争与行政干预也有很大关系。

运用行政手段，在某些方面还要加强，如著作权保护、市场秩序维护、工商和广告管理。同时又要注重行政管理的科学性和规范化，强调按照法律和行政法规，依法施政，避免个人独断专行；要采用思想教育工作方法，避免简单粗暴、官僚主义；尽可能利用经济的方法、信息的作用、社会的力量等进行引导、服务和弹性化控制。

3. 经济的方法

调控传媒的经济手段有投资、信贷、税收、发行费率、利润提成等优惠政策和办法，资助、奖励、惩罚等措施。如对新闻单位实行退税，由主管部门按传媒机构的优劣、轻重再作分配。

经济手段的调控当以鼓励、扶持为主，限制、惩罚为辅。在扶持方面，一要防止不正之风，二要注意扶持的范围和程度适当，尽可能避免对落后和惰性的保护，对公平竞争的冲击。中国加入世界贸易组织以后，这些经济优惠措施要符合世贸组织的国民待遇（世贸组织中其他成员方的经济实体可享有同等待遇）等规定，不影响公平竞争。

经济手段的调控富于弹性，方式灵活，可有各种程度的调节，副作用较慢、较小并易于纠正。但经济手段的作用比较间接、缓慢，如果使用不当，又会妨碍和破坏公平公正的市场竞争。

4. 社会的方法

这种调控主要为社会组织、团体、舆论和受众的调控。社会的调控也具有管理、协调、奖惩作用。对传媒的降低格调以迎合受众等倾向，只要不超出有关法规的范围，不造成对社会明显、即刻的危害，难以实行严格的禁止，然而可以对这些倾向进行批评、曝光。对传媒提升格调的努力则可以进行公开表彰和奖励，从而提高有关传媒的知名度和美誉度，使那些传媒的社会效益与经济效益能够更加一致。

上述社会组织、团体包括工会、青年团、妇联、行业组织等。行业组织有记者协会、报业协会、广播电视协会等。可以借鉴国外的经验，加大传媒行业协会的监督力度，比如由协会承担传播内容评议和纠纷仲裁等职责。

1980 年 8 月中华全国新闻工作者协会（简称"中国记协"）恢复活动，组织探讨和推动新闻改革，培训新闻干部，组织大型报道活动，保护新闻工作者的合法权益，发扬优良传统，表彰优秀典型，联络港澳台和海外同行，开办新闻事业等。1988 年 3 月，中华全国报纸行业经营管理协会（简称"中国报协"）成立，并建立了发行、广告、经营管理、技术进步等专业委员会，致力于为报业争取有利的内外部环境，理顺报纸价格，开辟多种发行渠道，提高新闻纸质量和报纸印刷质量，推动信息传递和印刷技术的改造，培训经营管理人才，开展多种经营，制定行规行约和职业道德规范，等等。此后各地方也分别成立了报纸行业经营管理协会。记协和报协还都向中央和有关部门反映情况、提供对策；协调有关部门及有关单位的关系；争取和落实国家对新闻单位的经济政策（如新闻纸价格和进口关税）；提供国内外有关信息；组织研讨和评奖活动。

由此可见，记协和报协对传媒市场可产生很大的影响。一方面保护、促进市场和开辟道路，另一方面是协调、规范市场和监督行为。还可以考虑加大监督力度，由协会承担评议和仲裁职责。

舆论的调控作用主要还得通过传媒本身来承担，通过在传媒上讨论、宣传、反映、批评等，促使传媒往正确的方向发展。

受众的调控既通过舆论，也通过信件、电话等各种形式的反馈，如发行量、阅读率、收视收听率、网站点击率等已成为对传媒机构有很大影响力的反馈信息。受众的目标一般是分散的，影响力朝着不同的方向，往往互相抵消，而当受众的目标大体一致时，会产生很大的调控力。尤其是在传播媒介走向市场以后，媒介价值的实现，主要通过市场需求方，包括受众、广告客户和其他延伸产品的购买者，其中受众是核心，广告跟着受众走，其他延伸产品的销售也与该媒介的受众人数、成分和口碑直接相关。

5. 自我的控制

自我的控制是指传媒机构和从业人员的自我约束。通过提高传媒素养、责任意识、职业道德、职业精神和加强职业规范，把强制性的法律、行政、道德规范内化为自觉的、自律性的要求。把完善自身形象、扩大社会效益作为提高传媒经济效益的主要途径。同时严格内部管理，加强对从业人员的教育，提高他们的政治、思想和道德素质。

传媒的有些问题，主要还得通过加强传媒的自律和对从业人员的教育、管理来解决，比如抵制有偿新闻。按有关法规，新闻与广告不能混淆，不得用新闻的形式做广告。然而有些新闻形式的广告，界限很难明确判定，只有依靠传媒自身来自觉遵守。

要使传媒积极自律，还得有相应的外部约束，包括党政和社会的引导监督，奖优罚劣的机制。

第六章

中国的传媒消费

第一节　受众的消费

所谓消费，广义上是指为了生产、生活等各种需要而消耗物质财富；狭义上仅指消费品（通常指日常生活中需要的物品）的消费。传播媒介的消费，广义上包括受众和广告主的消费；狭义上仅指受众的消费。

一、需求

1. 实用性和精神满足

受众总是从满足自身的需要出发，来选择和使用媒介。在大众传媒供大于求的"买方市场"上，尤其是受众选择机会剧增、传媒激烈竞争的数字化时代，大众媒介必须根据受众的动机、需要、态度、个性、心理等，提供令人满意的服务，从而赢得受众的选择和使用，产生较好的传播效果和经济效益。有时还要通过启发、引导，让受众认识到自身的利益和需求以及传媒的相应服务，使受众充分认同和产生满足感，形成对传媒的选择偏好。

西方学者在 20 世纪六七十年代强调受众是传播的目标，提出了受众本位论。中国学者也在 20 世纪 90 年代，随着传媒大量走进市场，提出要以受众为中心，围绕受众的利益和需求，并按照受众的接受规律进行传播。

这并不等于说传媒对受众只能迎合尾随。社会精英人士总是少数，对严肃、深刻的内容感兴趣的人也总是少数，如果媒介完全迎合大多数受众，就只能降低格调，放弃那些只有少数人感兴趣的东西，甚至走向低俗化。以受众为中心并非仅重视消费者的眼前、切近利益和需求，而要重视消费者的根本、长远利益和需求，其中包括社会的整体利益和需求。只是在方法上，不能目无受众，自说自话，而要采取受众容易接受的方式，并且通过对受众的启发和引导，让他们自觉自愿地接受。

消费者的需要除了实用性的需要，还有精神性的需要，大众传媒的消费使用更与精神需要相关，受众一般把大众媒介既作为信息源，又作为文化和娱乐品，甚至作为每天的精神寄托。

人们的生活水平越高，精神需求就越是突出。创意经济、体验经济日益受到重视便与此有关。这种创意的本质，是带来新的满意，带来新的功能、新的方便或新的精神满足，而不是加强或提高原有的功能。体验经济注重的是消费过程，让人们得到体验，享受到值得体验的感觉。正是由于现在人们的生活水平达到了一定高度，过去被物质需求压倒的许多精神需求得以释放，给创意经济、体验经济提供了用武之地，这使创意经济、体验经济成为重要的经济现象。

可见创意经济、体验经济的兴起，在很大程度上是缘于人们的精神需求。而创意经济、体验经济成为重要的经济现象，甚至成为一些国家和地区的经济发展战略重点，又意味着人们的精神需求得到了前所未有的关注。

大众媒介是创意性产品，传媒业是创意产业之一。随着经济和社会的发展，大众媒介的创意也会越来越影响到受众满足的程度。

从体验经济的角度来看，大众媒介不仅能在体验性产品（主要为服务产品）的营销传播中扮演重要角色，而且其本身就能提供多种体验，包括愉悦、痛快、悲哀等直接的感觉，以及许多间接的体验，如爱心的温暖、奋斗的经历、梦想成真的过程等。不仅通过媒介的内容，还可通过美化的形式、谦逊的态度、真诚的服务等给人以精神满足。

2. 必需品和奢侈品

大众媒介在城镇是必需品。城镇经济和生活的社会化程度远高于乡村，对各种信息的需求也不可或缺，城镇家庭一般已离不开大众媒介。马克思把报纸与面包、肉、啤酒和牛奶等物品称作"工人每日消费的产品"，数次提到报纸是英国城市工人的"必要生活资料"。将近一个半世纪后的今天，大众媒介就更是如此了。现在中国加速推进城市化，给大众媒介的发展提供了很好的机遇。

乡村经济和生活的社会化程度正日益提高，因此大众媒介在乡村也日益成为必需品。

必需品的需求量随收入的增加而增加，到一定程度以后，其增长幅度会小于收入增长幅度。此外，货币收入的边际效用是递减的，"奢侈品"的消费增幅会大于收入的增幅。作为奢侈品的大众媒介的消费会得到较大的拉动。

二、使用

1. 相对性和时效性

大众媒介对不同的消费者有不同的价值。某些新闻会对有些人很有用，对另一些人可能一点都没用；对有些人有知晓作用，对另一些人却只有娱乐作用。因此大众媒介要十分明确和了解自己的目标受众，加强针对性。

大众媒介有"易碎"的特点，如日报一过夜就卖不掉了。不仅由于新闻内容时效性强，而且现在受众的信息渠道很多，生活节奏、环境变化又很快，媒介上的许多内容很快成为受众已知的或已经过时的东西。因此大众媒介的保存价值较小，可以降低成本。如报纸用廉价的纸张、简单折叠不装订。

2. 单件性和共享性

一个人会买 2 件同样的衬衫，4 个同样的面包，但不会买 2 份同样的报纸。而且对一个人来说，新闻只有一次性的价值。很少有人多次反复地接触同一则新闻，除非为了使第一次接触得以完整，包括理解和记忆的完整。

大众媒介还可被许多人共享。报纸在一个地区的发行量不可能超过该地区家庭的总数。因此产品差异化对传媒业特别重要。

还可利用共享性和针对共享范围，提高传播的社会效益和经济效益。目前在西欧和北美一些国家，收费报纸的发行量逐年下降，而免费报纸却以每年百分之十几甚至二十几的速度增长。可以利用报纸消费的共享性，设立公共阅报栏。家庭是最普遍的大众媒介共享单位，可针对各种类型的家庭，提供相应的综合性报刊，如青年型、老年型、经济型、文化型。既节约成本，又可使传播内容更深入，广告"发射"更精准。

三、选择

影响受众选择媒介的因素有受众的个人因素和环境因素，以及媒介的自身因素和替代品因素。

受众的个人因素有统计学上的个人差异和需求方面的个人差异。前者如性别、年龄、民族、职业、文化程度等差异；后者如求学、择业、健康、爱好、心理等需求差异。受众的环境因素包括时尚潮流、周围人群等的影响。

传媒除了顺应受众的个人因素，还可引导受众的需求和创造受众的环境。比如培养受众的媒介消费口味、依赖和选择习惯，使他们成为忠实的追随者，甚至可培育和创造出新的受众市场。

许多厂商通过让消费者试用，有效地推广了新品。许多人本来觉得可口可乐有"药水味"，现在也对这种味儿上了瘾。受众的思想观念、对世界的认识看法，乃至他们谈论的话题，都会不知不觉地受到媒介的影响。

优秀的品牌可有力地诉诸受众的个人因素和环境因素。树品牌要靠广告，对于已有较多受众的媒介来说，最有效的广告往往是其本身，不仅能影响已有的受众，还能影响潜在受众。

上述四种因素中，只有媒介的自身因素是传媒机构能控制的，其中又包含三种主要因素：效用、价格和方便性。

大众媒介扩大容量，提高质量（包括时效性、针对性、有用性等），注意满足精神需要，都可提高效用。媒介中的广告对受众也很有效用，许多人甚至只为分类广告而买相关报纸。

各种媒介的效用不同，可依靠这种差异，取得某一方面的相对竞争优势，牢牢占领特定的受众和广告市场。

价格对消费者的影响应是很大的。然而相对于效用和成本的提高而言，大众媒介的价格在广告的支持下日益降低，甚至达到或接近于零。促销时附送价值较高的赠品也等于是降价。同时，受众的经济能力又在不断提高。因此大众媒介价格的影响趋于减弱，效用和方便性的影响相应增大。

方便性包括获得媒介的方便和使用媒介的方便。现在有些报社自办发行，或与邮局联手推出上门收订、早出早送、送报上楼、送新购旧等服务，便与此有关。特定的品牌标志着特定的效用、价格和方便性的组合。树立品牌，让受众了解这种组合，也可方便他们选择。

一个受传者经常读的报纸一般也就几种，经常收看的电视频道也就十几个，经常浏览的网站也就十几个。在信息爆炸、媒介多元的时代，受众选择媒介日益困难，选择媒介的时间和精力也日益不足，因而在媒介选择上日益需要帮助。传媒可以通过精选内容，通过独特的媒介品牌，方便受众获得他们需要的优质媒介。在报刊摊亭前，大多数购买者不是翻看了以后才买，而是直接决定买哪种报刊。

媒介的替代品包括类似的媒介和其他信息、宣传、文化、娱乐用品和活动。网络媒体、手机媒体的兴起成了影响受众选择媒介的重要因素。

四、权益

大众媒介消费者拥有公民的名誉权和隐私权、媒介利用权和选择权等，拥有受众的知晓权、表达权、监督权等，以及拥有消费者的权益，包括有权得到一定数量和质量的媒介产品和服务，不被其消费的产品所伤害，如有权免受信息污染和虚假信息的误导。

这里的"一定数量和质量"应按照约定，如无成文的约定，则按社会的公序良俗。

如何保障受众作为消费者的权益？这涉及对权益的承认，对侵权行为的认定，以及赔偿和惩罚问题。必须使侵权的成本大于侵权的得益，比如对发布虚假信息者点名曝光、降低评级。

第二节 广 告 消 费

广告主对大众媒介上广告资源的使用也是一种消费。与此相关的策略和方法属于营销学、广告学的范畴，这里仅探讨对传媒业的影响。

一、积极和消极影响

广告消费除了成为大众媒介的主要收入来源，对企业化管理、市场化运作的新闻机构及其媒介产品还有其他影响。

广告消费要求媒介有较多的受众和较强的针对性、较高的美誉度，这会促使传媒提高质量，满足受众，关注社会效益。

此外，广告消费又会使传媒根据广告主的需要，迎合目标受众中的多数人，或只注重收入较高的人群，忽视少数人和贫困人群，忽视只有少数人感兴趣的严肃、深刻内容，还会对广告主及其利益关联者"隐恶扬善"，做片面宣传。尤其是实力强大、对广告资源实施"买断"的媒介购买公司，往往直接干预或参与媒介的内容策划和采编业务。

二、对不同媒体的影响

广告消费对报纸、广播电视等不同媒体又会有不同的影响，主要由广告投放量的多少和媒体的特质所决定。

例如，报纸一般以"点"为立足之基，有地方性的特点，而期刊和电视则相反，以"面"为立足之本，覆盖面一般比报纸大很多，全国性的比地方性的更火爆。这些都与它们的广告消费有关。

报纸擅长发布告知性、说明性广告，如促销广告、楼盘广告、分类广告。它们大多诉诸特定地区。因此以一定的地区为目标市场的报纸，比面向几个地区或面向全国的报纸更容易得到广告主的青睐，从而拥有更强的经济实力，更好的人才、设施等条件，获得更大的市场竞争力和传播影响力。

期刊和电视则擅长发布印象性广告，让人形成或加深良好的印象。这种广告重在广泛、长期的效果，较少受到地区和时效的限制，传播得越广越好。媒介本身的品牌、声誉对这种广告的传播效果十分重要。

随着数字化传播的发展，广告不断向新媒体转移，不仅使传统媒体与新媒体此消彼长，还使各种媒体尽力在内容和形式上扬长避短，以吸引更多用户。如使报纸趋于深度化，广播趋于贴身服务，电视趋于现场感和视觉冲击，新媒体尽力被社交媒体用户讨论和分享转发。

第七章
优化传媒产业环境

第一节　优化政法环境

传媒业的环境、机构和行为需不断优化。这种优化的主要目标应包含三个方面：一是满足需要，即传媒产品和服务的供给适应社会和公众对传媒的需要。二是提高效益，即提高社会效益和经济效益，包括正面效应的发挥，负面效应的抑制，资源的合理利用，运行效率的提高。三是增强潜力，即增强发展的潜力，包括环境条件、管理水平、竞争实力、创新能力等。

产业的环境有宏观环境和微观环境。前者包括自然、人口、经济、技术、文化、政法、国际环境等，后者包括生产要素、销售渠道、中介机构、顾客、竞争者、公众、企业内部环境等。

其中最重要的是政法环境。

一、认识问题

政治、政策、党政、法治对传媒产业有决定性的影响。在既定的政法大背景下，传媒产业政法环境的优化目标和程度将取决于对该产业的认识。

如果认为大众媒介只是宣传工具，传媒的产业化发展只是能够增加收入而已，就会使传媒机构像一般企业那样，仅以利润最大化为目标，从而放弃社会责任，降低社会效益，那么，政法环境就会把传媒的产业化发展制约在很有限的范围内，甚至会随时出现倒退。

反之，如果认为这种发展对于壮大传媒事业、提高社会效益，对于政局长期稳定、政治高度民主、社会健康发展、人民需求充分满足具有重要作用，那么，政法环境就会对这种发展予以积极支持，认真研究，精心引导，大力推进。

在人文和哲学社会科学领域，一说到"化"，人们往往会想起对知识分子工农化要"彻头彻尾彻里彻外"。其实化有各种各样的。有"彻头彻尾彻里彻外"的，也有某一方面、某一层次、某种程度的。绿化城市并不是要把城市变成原始森林。据现代汉语词典，所谓"化"就是转变成某种性质或状态。化有质的变化，也有量的、程度的转变。转变的结果也有相对性。比如软化，就是硬度的变化，软化以后，相对于更软的东西来说则仍是硬的。

传媒的产业化发展，无论是一般传媒机构按产业的方式和规律运行，还是新闻机构从纯事业型变为企业化管理、市场化运作，乃至转制为企业，都只是认识到传媒有商品性，新闻媒体机构也有经济和产业属性，办传媒要符合经济规律，产业化的方式发展利大于弊，并不是把新闻机构变成纯营利机构。

传媒的产业化发展既有积极作用，又有消极影响。积极作用中除了经济效益，还有思想观念、传播内容、传播方式、技术水平、经营管理水平等方面的积极影响。即使是经济效益，其意义也不只是增加收入，而是对于改善传播条件、增强传播能力、扩大传媒事业、提高社会效益和提高传媒的国际竞争力，都十分必要。

西方以企业的方式来办传媒，也不是只有直接营利作用。一方面，对许多主办者来说，媒介影响舆论的作用比带来经济利益更重要，如通过舆论影响政策，可以间接地给传媒机构带来更大的经济利益。另一方面，社会效益与经济效益有很大的关联性。美国在线与时代华纳合并之初，对传媒业的认识并不深刻的技术官僚掌握了控制权，把属下的媒体向娱乐化转变，一般说来，娱乐性内容更能获得受众和广告。然而几年后，不仅其新媒体业务的泡沫破灭，传统媒体业务也急剧滑坡，不得不由过去主持传统媒体的"老法师"们重新出山收拾局面，努力恢复往日的传媒形象，连公司名称也去掉了"美国在线",只留下"时代华纳"。

产业的运行会遇到市场失灵、外部不经济等问题,传媒产业也是如此,包括社会公益的需要被忽视,受经济权势的操纵利用,搞有偿新闻、不正当竞争等。然而总的说来,传媒产业化发展之利,远远大于这些问题之弊,而且这些问题也是可以通过社会调控加以控制和解决的。

除了对产业化要有正确的认识,还要全面提高传媒领导者、管理者的传媒素养,使他们充分了解传媒的多种功能和作用,传媒的经济效益与社会效益的关系,传播效果的产生规律等。

二、政治环境和党的领导

民主政治必然要有传媒的配合,提供充分的信息和必要的意见交流平台、舆论监督工具。从票决的角度来看,人们只有掌握了足够的信息,才能做出合理的判断和投票。从协商的角度来看,有了媒介的参与,就更能保证充分听取公众意见的协商,而不是假协商、精心挑选少数人走过场的协商。民主管理、民主监督,也都要有充分的信息掌握和有效的意见表达。

因此,这样的民主政治必然对大众媒介提出新的需求,带来新的推动。与此同时,这样的民主政治又必然给传媒的改革和发展创造新的政法环境条件。民主化、法制化、依宪治国、丰富民主形式、票决+协商,都是对传媒业的重大利好。比如对一些根据过去的情况做出的、没有经过充分协商的管理规定,可通过"协商+票决"进行与时俱进的、科学的优化。

中国共产党的领导是中国传媒业的根本性特点,是最重要的政治环境,包括直接领导的微观环境和通过法律、行政、市场等途径产生影响的宏观环境。

中国的传媒能有如此优越的社会地位和工作条件,能有各级各类政府部门的积极支持配合,都与党的领导分不开的。

党的十六大报告提出,要改革和完善党的领导方式和执政方式,党的领导主要是政治、思想和组织领导,通过制定大政方针,提出立法建议,推荐重要干部,进行思想宣传,发挥党组织和党员的作用,坚持依法执政。这体现了党对执政规律的新认识，新把握，也体现了尊重各个领域的发展规律，不包办一切的执政理念。

在经济领域，我们尊重市场规律、发挥市场调节的作用；尊重企业规律、发挥企业有机运行的作用。在传媒领域，我们也要尊重传媒规律，包括传媒经济规律。传媒有商品性，新闻机构也有产业属性，这已经取得了普遍共识。和军工业、医药业以及各种其他行业一样，传媒业也有自己的特殊性，但这不等于就可以不尊重其基本的经济规律了。

传媒在经营活动中强调社会效益第一、经济效益第二，与一般企业以利润最大化为主要目标有所不同。但这也不是传媒独有的。其他文化企业也要如此，甚至许多一般企业，也在采用社会营销的理念，注重通过社会效益提升经济效益。

不论从经济效益还是从社会效益看，党的领导都需要宏观化、科学化、法制化。充分发挥法律、政府、行业、市场的作用，充分调动各方面的，包括媒体机构自身的积极性、主动性、创造性，全面发挥传媒的各种作用，包括舆论监督作用；都需要尊重和利用传媒的活动规律、机构规律、市场规律、产业规律。传媒产业发展了，人民满意了，党的宣传影响力提高了，党的执政基础和执政能力也就得到了相应的巩固和提高。这正是党的领导所要追求的。

三、政府和政策环境

政府有三重角色：社会管理者、宏观经济管理者和国有资产所有权代表者。政企或政事要分开，对媒介管办要分离，否则会造成许多不良后果：一是形成封闭的经济系统，资源的配置既不是从经济资源最佳利用的角度出发，也不是从经济单位的要求出发，而是依行政目标而定。二是行政机构对财产使用主体的制约关系复杂化，会有很多随意性干预，也会形成财产使用主体对行政主体的各种依赖。三是使监督形式化。行政权、财产权、监督权合一，形成对自身的监督，造成失监或虚监。四是政府角色错位，干扰经济的正常运行，造成不合理竞争；企业角色错位，发展的手脚被捆住。

政府要从以审批为主的权力型政府，转变成为大家办事的服务型政府。在管理内容和方法上，从以微观管理为主转向以宏观管理为主，把制定和执行宏观调控政策、培育市场体系，规划、协调、监督和服务，作为管理的主要内容；从以直接管理为主转向以间接管理为主，从基本采用行政手段转向综合运用法律、行政、经济、信息、教育等各种手段；依法施政，减少人为的不利影响。同时，政府工作要透明，政务信息要公开。

这些方面的改进，必将大大改善传媒发展的条件，提高自主能力，促进竞争的公平、公开、公正，实现优胜劣汰、强者更强。

传媒的政策有内容政策、经济政策、管理政策、分配政策等，这里仅探讨产业政策。

一般产业政策的经济性目标主要有：

（1）优化资源配置，保障运行效率，促进优胜劣汰和融合兼并；

（2）既利用规模效应，又保证市场竞争机制的顺利运行，防止垄断；

（3）竞争公平、公开、公正，竞争高级化，即从以价格竞争为主转向以质量、服务等非价格竞争为主，以小规模、低层次竞争为主转向以大规模、高水平竞争为主，国际竞争中从消极防御转向积极参与；

（4）提高科技水平，保证可持续、超常规发展；

（5）充分利用国际合作和增强国际竞争力。

一般产业政策的社会性目标主要有：

（1）保护自然资源；

（2）保障必需的供应；

（3）促进充分就业；

（4）维护经济公平；

（5）利于社会的稳定和健康发展。

对中国传媒业，产业政策要保障传媒全面发挥积极作用，防止消极影响。鉴于传媒对社会和公众的重要性和公益性，有关的产业政策还要体现出一定的鼓励性和扶持性，采取市场进入、机构扩展、融合兼并、自主经营等方面的宽松政策，信贷、税收等方面的优惠政策，生产要素获得方面的优先政策。

产业政策的调节对象是产品和服务的供应者。调节方式有直接干预和通过市场两种。调节手段为法律、经济、行政等手段的综合运用。主要内容有市场准入和退出政策，数量、质量和价格规制政策，中小企业政策，并购政策和反垄断政策，反不正当竞争政策，还有产业技术政策，产业结构政策，产业布局政策。

中小企业可灵活适应市场变化，迅速满足消费者的需求；可吸收大量的富余劳动力，提高就业率；可增加供应主体，保持市场的竞争性。中小企业又是大量的自强自立、创新创意人才的用武之地。然而中小企业在资金、规模、品牌、设施、技术、人才等诸多方面往往处于劣势，因此需要得到政策上的扶持。目前中国传媒的产业政策倾向于做大做强，而对中小传媒机构有所忽略。

产业政策的制定和实施的基本原则有：

（1）系统配套；

（2）有明确的目标和规范的程序；

（3）以尊重企业的自主权、发挥市场机制的基础作用为前提，谋求市场机制与政策调节的组合效应；

（4）效用大于成本，包括政策制定和实施的成本，可能会产生的负面作用，如政策扶持对公平竞争的影响；

（5）中国对传媒业的行政化管理轻车熟路，而进行产业化管理经验尚不足，制定产业政策、实施政府规制时，很容易忽视经济规律，妨碍市场机制，唯长官意志是从，缺乏科学合理性。对此需要以一定的制度和程序加以防范，并尽可能把政策稳定化、法规化。

有专家指出，与其他国家的传媒在国内的人均拥有量相比，中国的传媒业尚属于"幼稚产业"（infant industry），应实施适合"幼稚产业"的特殊政策。

四、法治环境

传媒业的法治环境，指的是贯彻国家依法治理原则，包括相应的宪法、法律、法规、规章的制定与执行。其中包括关于传媒的责任、义务和权益，出版、广播电视、网络媒体和广告，传媒市场和消费者等的规定。

实施依法治理，改变人治为主的局面，可使传媒发展和竞争有法可依、有法必依，规范有序、科学合理；使传媒机构的权利更有保障，行为边界更加明确，经营活动更加积极和主动。

我国宪法、法律、法规、规章都有关于公民言论、出版自由的条款。

（1）宪法。除了前述《宪法》第 35 条的规定外，还在第 22、38、41、47、53 条都有与新闻活动相关的规定。

（2）法律。中国三组最重要的基本法律都与新闻活动有关，它们是《刑法》和《刑事诉讼法》，《民法通则》①和《民事诉讼法》，《行政诉讼法》和《行政处罚法》。

如《刑法》规定，"以造谣、诽谤或者其他方式煽动颠覆国家政权，推翻社会主义制度的"，"为境外的机构、组织、人员窃取、刺探、收买、非法提供国家秘密或者情报者"，构成"危害国家安全罪"。"严禁用任何方法、手段诬告陷害干部群众"，禁止"公然侮辱他人或者捏造事实诽谤他人"。

《民法通则》规定："公民、法人享有名誉权，公民的人格尊严受法律保护，禁止用侮辱、诽谤等方式损害公民、法人的名誉。"

其他相关法律还有《著作权法》《广告法》《消费者权益保护法》《妇女权益保护法》《公司法》《合同法》《反不正当竞争法》《统计法》《档案法》《邮政法》《国家安全法》《保守国家秘密法》《戒严法》《防震减灾法》《证券法》《未成年人保护法》《预防未成年人犯罪法》《治安管理处罚条例》等。

（3）行政法规。这是国务院制定的领导和管理国家行政事务的各种规范性文件，其效力低于宪法和法律，但在实际执行中往往更经常被使用，如《出版管理条例》《印刷业管理条例》《广播电视管理条例》《音像制品管理条例》《电影管理条例》《卫星电视广播地面接收设施管理规定》《关于严禁淫秽物品的规定》《关于严厉打击非法出版物的通知》《外国记者和外国常驻新闻机构管理条例》《政府信息公开条例》。

（4）行政规章。这是国务院所属部委等制定的规定、办法、实施细则、规则等规范性文件，如《报纸出版管理规定》《期刊出版管理规定》《关于广播电台电视台设立审批管理办法》《关于部分应取缔出版物认定标准的暂行规定》《新闻出版保密规定》等。

（5）地方性行政法规。这是省、自治区、直辖市，以及省、自治区人

---

① 《民法通则》在 2021 年 1 月 1 日《民法典》实施时，废止。

民政府所在地的市和经国务院批准的较大城市，由当地人民代表大会及其常务委员会，根据其行政区域具体情况和实际需要制定的规范性文件，如《河北省新闻工作管理条例》《新疆维吾尔自治区广播电视管理条例》等。中国幅员辽阔，许多地方的经济、文化和管理水平有很大差异，有必要确立针对本地情况、适合本地特点的地方性规定。

中国的新闻和大众传播法律规范中，限制、禁止性的条款已比较完备，包括禁止危害国家安全、泄露国家秘密的规范，禁"黄"的规范，不得损害公民、法人的权益和公共利益的规范，等等，从宪法条款到基本法律、专门法律、司法解释、行政法规和规章等，形成完整的体系。那种认为一讲自由就会忘记一切约束、一讲权利就会淡化各种义务的担心是多余的。

中国就大众传播的侵权问题也形成了一系列司法原则。其中著作权方面有专门的《著作权法》，其他方面有：

（1）名誉权。名誉有个人的和组织、团体法人的两种。名誉关系到能否受到他人尊重、能否顺利从事有关活动，如企业的名誉受损，会造成经济损失。名誉权就是名誉不受歪曲、贬低的权利。

同时具备下列三个要件的构成侵害名誉权：对特定对象造成了名誉侵害，具有法律上能够确认的损害名誉性质，给受害者造成了精神或财产损失。

（2）隐私权。中国的法律中已有不少与保护隐私权相关的条款。[①] 但是对下列情况的传播，如果不是主要以营利为目的，不属于侵犯隐私权，包括：已经公开的情况，个人在公开场合的活动，具有危害他人和社会性质的私密情况，本人同意放弃隐私权的，"公众人物"的。

（3）肖像权。这是公民对于再现自己形象的专有权利。未经本人同意、以营利为目的使用公民肖像，为侵害肖像权行为。

（4）姓名权和名称权。名称权指的是组织、团体法人的名称。姓名权和名称权的拥有者具有选择、使用、变更自己的姓名或名称的权利，他人干涉、冒充、盗用即构成侵权。

然而正如大众传播法专家魏永征先生指出，对新闻活动及其主体的保

---

① 魏永征，张鸿霞. 大众传播法学［M］. 北京：法律出版社，2007：168.

障、授权性规范还有欠缺。一是有些权利还没有进入法律范畴。"新闻自由"尚处于置之不论的境地，新闻工作者在传播活动中的权利，如采访权、发表权等仍法无明文，没有成为具体明确的法定权利，只是习惯权利，有关权利遭到侵犯时难以得到法律的有力保护。二是对有些已被法律承认的权利，保护也还不够完善。例如，舆论监督已写入法律，但舆论监督的对象应承担何种义务，当舆论监督权遭到侵犯时应如何请求法律救助，对干扰破坏舆论监督者应如何制裁，仍有待法律明确。名誉权和舆论监督权往往会有冲突，有些人就钻法律空子，以保护名誉权为名抵制舆论监督。

此外，政府信息公开条例尚属行政法规，有待进一步完善，包括扩大公开范围，规定公开为通则、不公开为例外，进一步明确、细化什么应当公开、有关的责任和处罚，成熟后上升为法律。对传媒机构的独立经营权，传媒市场壁垒的去除，传媒受众的消费权、申告权，也需从法律上进一步保障。

关于传媒产业的专门法律规范方面，目前我国主要有《出版管理条例》《广播电视管理条例》《报纸出版管理规定》《期刊出版管理规定》等。前面两个条例属于行政法规，后面两个规定属于部门规章。有必要根据实践的发展、条件的变化进行修改和补充，成熟后制定为法律。

数字化给新闻传播的方式和各个环节带来的变化，需要新闻法制做出新的保障和限禁。如对传者，需由新闻机构扩展到各种其他机构和个人；对内容需由整体扩展到片段、词语；对媒介需由传统媒体扩展到新媒体、社会化媒体乃至社交平台；对受传者，需由接受扩展到转发、评论等行为。其中有许多新的棘手问题，包括删帖、封账号、关键词屏蔽、新媒体版权、个人信息保护等。新闻法也由大众传播法延伸至人际传播、群体传播的法，与大众传播法相交叉。

数字化日益加深媒体融合、传播融合，需要把关于新闻传播、新闻媒介的法制理念、精神、原则辐射到其他传播、其他媒介，如把新闻自由和社会责任方面辐射到表达自由、信息自由、传播自由方面。

数字化传播带来的新问题层出不穷，不能因此而随时制定或改变法律，可以先采用行政法规、部门规章乃至政策规定。但它们都不得与宪法和法律相冲突，而应是宪法和法律精神的具体化。

第二节　优化生产要素和市场环境

一、优化生产要素环境

生产要素环境是指生产所需的一切要素及环境条件，包括人的要素、物的要素及其结合因素。

劳动者和生产资料是最基本的要素。前者包括直接劳动者和领导、管理人员等间接劳动者。后者包括劳动资料和劳动对象。

劳动资料是用以影响和改变劳动对象的物质资料和劳动条件，主要是生产工具。劳动对象是人们将劳动加于其上的东西，包括原材料和自然资源。

劳动者和生产资料又必须通过一定的方式结合起来，这涉及生产关系、经营管理等一系列问题。现代科学、技术、管理、信息、资源等要素在现代化大生产中发挥重大作用。

目前中国传媒业生产要素环境的优化，涉及体制、机制、领导、管理、经验等软环境和资金、原料、人才等硬环境。

这些硬环境的主要优化目标，一为质优量足，二为易于获得，三为公平获取。

资金方面要渠道通畅、来源充足，包括贷款、拆借、吸股等多种方式。现在许多传媒机构感到资金不足，难以适应科技发展和市场竞争的新形势，而同时又有许多企业视传媒为名利双收的产业，只是无缘投资。传媒产业组织可以在保证控股权、编辑权和终审权的前提下，吸收业内外资金入股，包括个人资金和境外资金。

传媒业的原料既有纸张、油墨等有形材料，又有素材、信息等无形材料。记者编辑在获取这些无形材料时，往往会遇到障碍，如有关方面不愿提供可以公开的文件、档案、新闻信息，或对本系统以外的传媒不能一视同仁。目前党和政府正在健全信息公开制度，这对传媒业的环境也是很大的优化。

人才要质量高、数量多、可流动。目前国内许多高校开设了新闻与传播院系和专业，这对于优化传媒业的人才环境和提高受众素养、优化受众环境都是利好，还要在提高教学质量、适应传媒的新发展上下功夫。

二、优化市场环境

发挥市场的积极作用，是优化资源配置、提高传媒质量和效益的重要手段，也是其他手段无法替代的。市场也有消极作用，中国在克服市场的消极作用方面有许多有利的条件，包括党的领导、事业单位的性质、完备的限制性政策法规等，而在市场建设、发展方面，发挥市场的积极作用方面，中国还经验不足，因而至今仍有很大的优化余地。这种优化主要涉及以下几个方面：

1. 市场建设

需要健全和完善传媒的资本、原料、人力、技术等生产要素市场，作品、节目、媒介、广告等产品市场。既要扩大市场范围，健全市场体系，又要加强市场管理。

目前传媒的市场准入和运行仍机会不充分、不均等。跨地区办传媒尚难实行；非机关报获取某些机关的新闻材料远比机关报困难；以行政权力强占市场，构成市场机会不均。同时，市场上的一些不正当竞争现象仍得不到有效制止。如广告与新闻不分，虚报发行量，既对广告客户构成欺诈，又对诚实的报刊构成不公平竞争，还败坏了行业声誉；如不少报刊以提高回扣、赠送高档纪念品来争夺公费市场。

打破地区、行业分割和部门垄断经营，形成统一、开放、公平竞争的市场局面，已是久攻不下的难题，成为传媒市场建设的迫切课题。

中国传媒业的地区、行业分割有很深的历史和现实原因。从完成社会主义改造以来，中国的新闻机构作为机关化管理的事业单位，分别隶属于各个地方和相应行业的党政机构。现在实行政企分开、政事分开，给打破地区和行业分割创造了条件。但是在各个地方，主要传媒都是当地党政部门的喉舌，如果被外来传媒占领了市场，势必会削弱当地主要传媒的影响力。从行业分割来看，现在传媒机构的领导、管理人员还缺乏跨行业办媒体的经验，而传媒机构都是国有资产，借鉴现代企业制度的程度又有限，责、权、利的联系还不够紧密，对于经营失败的实际责任者，如上级领导的瞎指挥，难以做出彻底的追究，有必要对跨媒体经营进行较严的把关。

然而，这毕竟不是理想状态。一方面，资金、人才、技术、经验、品牌等各方面有优势、有余力的传媒机构不能充分发挥效用，规模效应、集约化经营也受到很大局限，做大做强遇到玻璃天花板。另一方面，上述诸方面弱势的传媒得不到有效提升，又在地区、行业壁垒的保护之下缺乏竞争压力和锻炼，维持质量不高、消耗不低的运行，经济效益和社会效益都难有大的改观。

在数字化、全球化、传媒集中化的时代，扩大规模、多元化经营、多行业融合比以往更有必要，传媒的国际竞争也日益普遍，并逐渐渗透到国内。如果不能打破地区和行业分割，快速提高水平、做大做强，就不能充分抓住新机遇，有效应对新挑战。

可以先通过合作的方式打破分割。不同地区的传媒机构进行采编合作、经营合作、管理合作乃至产权置换、相互持股。还可通过合作协议、经济结算等方式。经过一定的过渡时期，当地传媒的质量提高了，竞争力增强了，就可以取消分割，进入更高层次的发展与竞争。

打破分割还需要完善传媒机构的治理制度，让经营管理者既有拓展事业的积极性，又承担相应的经济责任。在这一过程中，还需要健全和完善信息发布、市场管理等制度和体系，提供公平获取资源和客户的机会，取消对传媒的信息内容等生产要素的垄断，保障公平竞争、优胜劣汰。

2. 市场需求和渠道

传媒的市场需求包括公费和自费的需求，对传媒产品和广告服务的需求。市场需求的主要优化目标，一为充足；二为合理。发展经济，提高广告主的公关广告意识，提高受众的信息意识、权益意识、文化水平和格调品位，提供优质的传媒产品和服务，都可有效地优化传媒业的市场需求环境。同时要防止不合理的需求对传媒机构的诱导。

市场渠道主要是传媒产品的销售渠道和广告服务的代理中介。它们都会对传媒业造成很大的影响。例如，报纸杂志的邮发、批发和零售渠道的通畅程度，广告代理机构的能量和水准，以及这些渠道和中介的收费标准和服务质量。有些地方会以行政权力、经济补贴等非市场化手段，阻止其他销售渠道和中介进入市场，妨碍公平竞争，必须对这一现状加以改变。

3. 市场竞争

目前中国还处于体制转型的过程中，市场竞争也还受到一些主客观因素的妨碍和扭曲，传媒市场尤甚。主要问题有：

（1）市场供应主体——传媒机构的问题，主要为产权关系不明确，责、权、利的联系不紧密，市场化程度不高，竞争压力和动力不足。这方面的优化见本书下一章。

（2）地区分割、行业分割、行政性垄断经营，既限制了界外、业外供应者的发展机会，导致了竞争机会和条件不公平，使许多具有优势的传媒机构无法充分发挥其潜力，又使界内、业内的供应者缺乏最好的外援，并缺乏足够的竞争压力和竞争锻炼；既难以通过竞争进行淘汰和兼并；又使竞争水平不高，能力不强，国际竞争力不足。还使不少传媒机构在超额利润的掩盖之下，随意投资和粗放经营，造成巨额亏损和腐败黑洞。

（3）因有关法律不完善或执法不严，一些不合理、不正当竞争难以受到及时有效的制止和惩处。

要以相应的政策、法律、制度和执行体系，规范市场，鼓励竞争。包括保障竞争的公平、公开、公正；降低市场准入门槛，降低地区垄断和行政保护程度；对传媒机构的市场行为给予足够的自主权，在产权流动、融合兼并方面也减少限制。

竞争还需高级化，由以价格竞争为主走向以质量、服务竞争为主，以具有相当规模、实力和各方面水平的竞争者为主，并积极参与国际竞争。

价格是市场竞争的重要战场。在价格不变的情况下，提高效用和方便性也可大大提高市场竞争力，或者说变相降了价——提高了性价比，降低了一定"性能"的价格。

在有的地方，价格竞争达到了"互相残杀"的地步，于是由行业协会出面，确定一个谁也不得跌破的最低价格。在受众对传媒质量的认识还不够高、管理机构对市场的认识和调控也还不够成熟时，出现这样的情况是可以理解的。毕竟这样的解决方法是有损于市场机制的，使价格机制和竞争机制的积极作用得不到充分发挥。对消费者也是不利的，例如，在欧美等地大行其道的免费报纸就无法出现。因而从长期来看，还是要通过提高竞争水平来解决。

竞争机制与市场结构密切相关。市场结构中，集中度高、产品差异程度高、市场准入门槛高，竞争性就会低。如前所述，中国传媒目前在一定地区内的集中度、产品差异度和市场准入门槛都较高。而且这种高不是通过竞争优胜劣汰的结果，质量水平并不理想。因而还有很大的优化余地。

世界贸易组织（WTO）的主要作用，就是让各成员方拆除壁垒，以达共赢。这对中国的传媒市场会有很大影响。市场更加规范，法治化程度提高，知识产权保护加强；更加开放，包括对外和对内的开放；竞争更激烈、公平和国际化。我们要充分开发和利用在成本、国内信息、传统文化等方面的优势，学习和利用国外同行在制作、营销、管理等方面的长处，与他们既合作又竞争，不断提高竞争能力。

第三节　优化受众环境

不论从社会效益的角度还是从经济效益的角度，受众都应是传媒的出发点和落脚点。对于市场化运作的传媒机构来说，受众更是衣食父母，对传媒的生存和发展具有举足轻重的影响。

这种影响既来自受众的数量，也来自受众的质量。这种质量既含购买力，又含消费取向和媒介选择。有钱不读报刊的大有人在，追逐娱乐、时尚媒介，远离严肃、深刻内容无法形成良好的受众环境。传媒本身对此也负有很大的责任。即使传媒改进以后，受众仍不买账，也与受众环境的长期影响有关。

要积极培育受众，提高受众的传媒消费素质，包括传媒需求品味，对传媒的评判和选择能力。高素质的受众可通过对传媒的选择和其他各种形式的反馈，有力地促使传媒机构提高媒介质量，履行社会责任，并让社会效益好的传媒更能获得经济效益。而思想蒙昧、趣味低下、缺乏鉴别力和传媒素养的受众则会起到相反的作用。

受众的传媒素养包括受众对大众传媒的了解，对自身相关权益的认识，这是受众素质的重要内涵，可在很大程度上影响受众与传媒的关系，影响传媒业的受众环境。

一、受众传媒素养的内涵

所谓传媒素养，就是对传媒的认识、利用、参与方面的素质和修养，反映在知识、能力、态度和行为上。其中认识是核心，影响和决定着对传媒的利用和参与。认识主要包括以下 5 个方面：

（1）对大众传媒的性质、特点和种类的认识；

（2）对大众传媒的功能和作用，包括对个人影响的认识；

（3）对传者和受众的权利义务的认识；

（4）对各种传媒的评价标准的认识；

（5）对传播规律和传媒规律的认识。

以上主要是有关领导、管理者和传媒工作者需要具备的素养。

通过这些认识，可准确地选择传媒，明智地识别、解读、分析、判断传媒内容，有效地利用"性价比"最高的传媒接收和发出信息，并以自己的"货币选票"或其他方式影响传媒，促使传媒重视受众权益、履行社会责任。

利用大众传媒的素养除了表现在上述几个方面外，还包括具体使用传媒和制作传播内容的能力，如阅读、上网，解读信息、图片、镜头、故事等的能力，以及采访和写作、编辑和评论、摄影和摄像、数字化图片和影像处理与传输能力。对发布信息和掌握传媒者，还有社会责任心、职业道德和职业精神问题。

大众传媒与社会的发展、每个人的利益休戚相关，应引起公众的关注。即使不是与传媒机构直接有关的人，也可以通过许多方式参与和影响传媒。如通过电话、邮件等提供信息和观点，通过受众调查等提出意见和建议，通过对大众媒介的选取或抛弃，对市场化运作的传媒给出有利的信号和影响。

参与也要有一定的素养，除了使用现代传播工具，还要给传媒提供富有价值的而非无用或错误的信息和意见。

二、受众传媒素养的作用和提高

受众的传媒素养不仅能使他们深入了解传媒，更好地接收和发出信息，还能促使传媒机构提高质量，全面履行社会责任。如受众了解了传媒的功能和影响，了解了自身的传播权益，倾向于选择社会责任心强的传媒——传播全面、客观的信息而非片面、主观的信息，传播严肃、深刻内容而非庸俗、肤浅内容，就会激励传媒向这些方面努力。反之则会使传媒趋于放弃责任，混世媚俗。

中国基本是通过对传者的管理控制，来避免大众传媒的负面作用。许多人又自认为已深入理解传媒，传媒素养教育也因此没有受到重视。随着传媒市场化、全球化、网络化和技术手段的不断发展，禁堵的积极作用越来越小，消极影响却越来越大，现在越来越要靠受众的传媒素养发挥作用。与此同时，经过这么多年的努力，大众传媒的许多问题仍然存在，这又使我们不得不进行反思。需要通过提高全民的传媒素养，在很大程度上解决"传者"这一端的问题，包括改进传媒体制，提高媒介质量，更好地满足人民的知晓和表达、文化和精神的需要，社会的民主和文明、发展和进步的需要。

提高传媒素养也是一项"系统工程"，需要学校教育、社会教育、家庭教育和媒体"言传身教"相结合。

学校教育方面，可在干部学校和大、中、小学等，开设专门的传媒素养教育课程。同时在其他的素质教育和相关的专业课程中，注意融入提升传媒素养的内容。为此还需对有关的教育工作者进行宣传和培训。

社会教育方面，可在各级各类学校和其他场所，开设面向社会的相关课程和讲座。对于青少年，家庭教育是重要环节。为此，家长要具备一定的传媒素养。

大众传媒首先要在传播活动中体现出较高的传媒素养，如较高的职业道德、专业水平、较强的社会责任心，从而起到示范作用。同时还需加强传媒素养的宣传、传媒知识的介绍，提供有益的指导，多出版有助于提高传媒素养的书籍。

第八章

优化传媒产业主体
——传媒机构

第一节　优　化　体　制

一、基本认识

传媒体制就是关于传播媒介及其机构的权属、运行和管理的体例制度。权属包括所有权、占有权、使用权，运行包括按公共物品制作派送和按私人物品市场化运营，管理包括媒介机构内部的机关化管理或企业化管理，外部的法制管理和党政管理、计划管理和市场管理、人事管理和经济管理，媒体及其机构的设立管理和运行管理、内容管理和传播管理等。

在现代社会，传媒体制一般在宪法、法律、行政法规、行政规章、地方法规等法的形式中确定下来，强制实行，对传媒的品种、内容、质量和效益，都有决定性作用。

在数字化新媒体和移动传播时代，大众媒介与人际传播、群体传播媒介日益融合，大众媒介的体制也与其他媒介的体制密切关联，有关法制也从报刊法、出版法、新闻法、大众传播法发展到涵盖范围更广的传播法。

社会的其他规范，包括政策、道德、习俗、专业要求等，也影响和制约着传媒体制。

传媒体制会随着政治制度、政治体制的变化而变化，还会由于思想认识、社会需求、传播技术等的变化而发生变化。当某种体制变化产生的社会效益和经济效益大于成本时，就可以进行体制创新。

当今世界的传媒所有制有以国有媒介为主、公有媒介为主、私有媒介为主几种形式，还有的国家同时具有其他所有制。在同一个国家，不同种类的媒体也会有不同的体制。

在当今中国，以新闻和时事评论为主的传统媒体基本都是事业单位、国有党管，同时实行企业化管理。而新媒体中，有许多是私有的，有些也传播新闻和时事评论。

在美国，各种媒体基本都是私有的，但也有公共电视系统。在欧洲，广播电视市场上公有、私有各占半壁江山，而图书、报刊、新媒体等机构基本是私有的。

这些不同的所有制及其组合，都有一定的合理性，同时又有一定的局限性，也会随着需求和条件的变化而有所变化。它们也各有长处和短处，可以相互借鉴，取长补短。

尤其要关注中国问题的解决，不断优化传播媒介及其体制，更好地处理传播媒介及其机构的所有权、占有权、使用权，计划管理与市场调节，内部掌控和社会管理等方面的问题。

21世纪是全球化的世纪，传媒竞争也将日益国际化。一方面互联网使越境传播很容易，另一方面卫星电视的发展使跨境传播难以阻挡。随着中国加入世贸组织，传媒市场的国际竞争也将更多地在中国境内展开。考虑传媒体制和机制改革时，还必须着眼于提高传媒的国际化竞争能力，从体制和机制上保证在这种国际化竞争中取胜。

二、经营型传媒的体制优化

经营性的传媒机构正在进行转企改制。这种转制实际上就是在此前的企业化管理、借鉴现代企业制度的基础上更进一步，转为直接采用现代企业制度。但却是传媒体制改革上的一大步，可使传媒机构产权明晰、权责明确、政企分开和管理科学，有利于产权流动、资本运营、优胜劣汰、融合兼并，有利于经营管理自主，责、权、利结合，竞争机制、激励机制建立完善，国有资产保值增值。同时作为传媒机构，又需处理好采编与经营分开，社会效益的保障和提高等问题。

规范的公司制是现代企业制度的基本形式。公司制的核心是公司法人治理结构，即由公司股东会、董事会、监事会和高级执行人员即高层管理人员组成的一种组织结构。在这种结构中，上述四者形成一定的制衡关系，这种制衡关系是通过明确划分这四者各自的权力、责任和利益而形成的。

中国的传媒机构也可尝试职工持股。让经营者和其他员工持有股份，使他们的利益与经营情况相关联，提高他们对本单位的关心度和责任心，也可使他们分享本单位的业绩和成长。

三、事业型传媒的体制优化

由于事业单位的性质与企业化管理的矛盾，其优化问题更为复杂。笔者以为，事业型传媒既要保持其公益性，又要借鉴现代企业制度，使之也能有足够的效率和市场竞争力。

所谓企业制度，是指以产权制度为基础的企业组织和管理制度。现代企业制度是以企业法人制度为核心的、实行有限责任制和科学治理结构的企业制度，保证企业在所有权和经营权相分离的条件下，成为具有自主经营、自负盈亏、自我约束、自我发展机制的法人实体和市场竞争主体。其基本特征是产权明晰、权责明确、政企分开、管理科学。

所谓产权，就是对财产的所有权及其派生出来的占有权、使用权、收益权和处置权。产权可分三种：

一是原始产权，即对财产的所有权。

二是法人产权，即企业是享有民事权利、承担民事责任的法人实体，对资产所有者授予企业经营的资产，按照一定的章程规定所享有的占有权、使用权、收益权与处置权。法人产权要有一定的独立性，使法人能在合法的领域内独立地行使权利而不受干扰，形成明确的、联系紧密的责、权、利。这并不排斥原始产权对企业进行约束，但这种约束不能是随意的，而是要按照经过法定程序确定的规章制度进行。

三是股权和债权。实行法人制度后，企业拥有对资产的法人所有权，原始产权则转变为股权或债权，属于终极所有权，其拥有者可利用股东或债权人的各项权利对法人产生影响，但不能直接干预法人的经营活动。

一般企业的投资者拥有所有权，董事会和总经理分别行使法人产权中的占有权和使用权。

现在许多传媒机构产权关系不明，所有权、占有权、使用权不分，没有完整的市场主体地位，经济积累的积极性和吸收外部资金的可能性都受到束缚。亟须从以下几方面明晰产权、明确权责。

（1）分清原始产权、政府产权和法人产权。一般说来，传媒机构包含国有资产、其他法人投入的资产和传媒机构本身的法人产权。只有分清了各方的产权，才能明确各方的权利和义务，以及相应的责、权、利。

（2）分清所有权、占有权和使用权。传媒机构的所有权属于国家和其他投资者。一般说来，由国有资产管理委员会或其他政府部门，代表国有资产的所有者行使相应的权利。如果是党报党刊，则由各级党委或党委宣传部门掌握占有权，传媒法人掌握使用权。如果是其他一般传媒，则其管理委员会之类的决策和监督机构掌握占有权，或传媒法人直接掌握占有权和使用权。

大政方针、重大决策、重要的人事任命，可由占有权、使用权的掌握者提出，经所有权的拥有者同意。一般经营管理决策可由使用权的掌握者自主决定。

（3）给新闻机构足够的自主权。目前新闻单位从设立、更名到扩容，从媒体兼并到人事变更，自主权仍较有限。往往有责者缺乏相应的权力（利），有权者缺乏相应的责，责、权、利不能紧密结合，经营者的能力得不到充分施展和锻炼。

从经营管理上看，新闻机构的自主权包括生产经营决策权、产品和劳务定价权、产品销售权、物资采购权、进出口权、投资决策权、留用资金支配权、资产处置权、联营并购权、劳动用工权、人事管理权、工资奖金分配权、内部机构设置权、拒绝摊派权，等等。

从传播业务上看，现在受众的选择余地很大，传媒必须比以往更遵循传播规律。新闻传播第一线的领导干部既熟悉传播环境和对象，又比较懂得如何按新闻传播规律办事。应相信他们的政治素质和业务能力，给他们较大的自主权。从政治上看，足够的自主权有利于媒介机构和从业人员积极、主动、创造性地发挥上情下达、下情上达、宣传引导、舆论监督等作用。

（4）明确收益权和处置权。这些权利应主要属于所有者，但也可按照约定，一部分属于法人。如按比例利润留成，在一定范围内法人可自由处置。

（5）明确所有权及其代表者、占有权及其代表者、法人及其代表者的责、权、利，并使责、权、利密切相关。从而各司其职，各负其责，既互不干扰，又有责可问；让专门运用某一项派生产权的行家里手进入所有权的实现过程，以提高产权使用、资源利用的效率；加强对各项产权的监管考核，避免资本运作中的资产流失。

只有产权明晰，才能权责明确。只有产权明晰，才能顺利地进行产权流动，进行资本运作；才能避免国有资产流失，并更有效地保值增值。对传媒机构来说，只有产权明晰，才能政企、政事分开，管理科学。

同时，只有权责明确，才能责、权、利紧密结合。从而避免有责无权，有权无责，或责、权、利脱钩，以至不负责任和滥用权力。

事业型传媒要承担更多的宣传教育等公益性任务，这与放权并行不悖。不仅可以在相关章程中做出明确规定，还可通过党政部门买单的方式，使公益性传播对传媒机构不仅不是负担，而且成为经营上的利好。

第二节　优化经营行为

产业主体的行为包括内部的管理活动、外部环境的协调活动、在要素市场和产品市场的经营活动。

一、经营的种类

传媒业的经营可分为三类：产品经营、机构经营、品牌经营。其中产品（包括服务）经营又可分为三类：

一是内容和媒介经营，包括内容的版权、媒介的销售、广告的空间和时间。移动传播时代还有数据、平台、长尾[①]经营。

---

① 张辉锋，翟旭瑾. 中国传媒业商业模式类别及创新路径［J］. 中国出版，2019（06）：3－6.

　　数据包括传媒机构搜集到的数据和传播与经营活动中产生的数据，如网站、App 的用户身份和行为数据，它们既可用于了解用户，改进传播和经营，又可用于统计分析、构建数据库等。

　　平台包括网站、手机客户端 App、微信的公众号订阅号等。通过平台可以聚拢大量用户，展开多种经营活动，包括广告、营销、金融服务等。

　　长尾是指众多分散的客户、零星的交易构成的交易总额并不小的市场，相对于交易集中的"头部"市场而言。这种长尾经营是众多小众化需求的有效满足，并以范围经营实现规模经营。

　　二是支持和衍生服务经营，包括书籍和报刊发行，电波和数据传输、电脑采编、电视购物等软件和管理系统，咨询和技术服务，活动营销（通过办活动获得赞助和广告收入），创办影视基地，向政府、企事业单位提供网络平台和新媒体建设服务，向公众提供生活服务，等等。

　　移动传播时代还有粉丝经营和社群经营。粉丝经营中情感消费占主导地位，具有非理性乃至上瘾的特征。互联网给粉丝经营提供了重要平台，传媒可以适当利用自己的优势进行粉丝经营，但需适度，以免带来副作用或有损传媒声誉。

　　网上社群主要由围绕一个共同感兴趣的人、话题、产品形成，比如同一个微博、微信公众号或百度贴吧的用户。通过这些社群可实现精准营销和熟人口碑营销。网上社群经营与粉丝经营相辅相成。

　　三是跨界多种经营，如文具、礼品、娱乐、游戏、旅游、会展、商业、出租车、商务楼、房地产、资本运作。

　　传媒机构从事这些业务有品牌、资源等优势，但也有规模、经验等劣势，须依托有利条件，扬长避短，而不能见什么赚钱就干什么。

　　移动终端的用户在其中许多行业的活动与传播活动之间切换，移动新闻传播业与其中许多行业相融合，经营中也相互影响和支持，如带来用户的关注和认同。

二、经营的特点

1. 注重社会效益

一般产品的经营也要关注社会效益，采取社会营销方法，新闻传播的经营则需更加注重社会效益。一则由于新闻媒介的社会影响大，社会和公众要求传者承担社会责任，二则由于社会效益对媒介美誉度和经济效益的影响也特别大，对经济收益（受众、赞助者和广告客户的掏钱意愿）的影响，比一般产品大得多。

因此，新闻机构要把采编业务与经营业务分开，避免经营上的短视行为损害媒介质量，各种经营活动本身也要特别注重社会效益和品牌声誉。

2. 合理利用商业原则

商业原则可有力提高经济效益和社会效益——促使传媒机构提供更有价值的、更能得到受众和广告客户青睐的产品和服务，同时尽力提高效率、降低成本、方便顾客、扩大市场份额。从而带来媒介质量、服务水平和经营管理水平的提高，经济效益与社会效益的相互促进、良性循环。计划经济时代排斥商业原则的良性介入，新闻机构"坐吃皇粮"，助长了无视受众的恶习和官僚主义、教条主义、八股风气。改革开放以来的实践证明，商业原则并非洪水猛兽，完全可以为我所用。

此外，片面强调商业原则，仅以商业价值为重，只顾利润最大化，又会带来许多副作用。除了有偿新闻等问题，还会：

（1）奉行"多数原则"。即尽可能以多数人为目标受众，尽可能迎合目标受众中的多数人。对高雅的宣传教育内容很感兴趣者，往往不是多数人，于是在多数原则下，这些内容就会受到排斥。多数人中又有许多不适当或不健康的需求，于是容易带来媒介的低俗化、娱乐化等。

（2）助长强者更强、弱者更弱的"马太效应"。传媒机构为了提高市场价值，会倾向于把传播内容推向具有较大购买力者，以获取较高的广告收入。这会给贫困人群带来享用媒介资源和服务方面的落差，获取信息和机会的不平等。

可见，完全不顾商业原则、经济效益并不是很理性的，而完全按照商业原则，从社会的总体利益来看，也是一种非理性。服从社会原则，合理利用商业原则，才是高度的社会理性。

社会原则就是有利于社会的原则，要充分认识传媒的商品性和商业原则的利弊，利用其积极作用，促进传媒的改进提高、发展壮大，同时防止其消极影响，采用法律的、行政的、经济的、社会的、教育的、舆论的力量和方法，进行规范和引导，落实传媒的社会责任。

3. 其他特点

为了获得更多的受众，以赢得更多的广告收入，新闻媒介会低于成本价出售其产品，甚至免费。

此外，新闻媒介的经营还有复制成本特别低、创制成本特别高的特点，衍生产品多、价值链长的特点，有大都市传媒的辐射功能，以及跨媒体、跨地区的趋势。

4. 移动新闻传播业的经营特点

移动新闻传播业的经营除了上述特点，还有自己的一些特点。

（1）个性化。多样化、个性化的用户需求促使经营者提供个性化、小众化、草根化的产品和服务，比如可通过用户在移动传播活动中留下的痕迹和点对点的传播，进行个性化的产品和服务推送。

（2）互动化。经营者可与用户经常互动，了解用户的意见和建议，使产品和服务更符合用户的需求，还可从互动中发现新的需求。用户的满意度、忠诚度也会因此而得到提高。

（3）小微化。这有两种含义。一是经营对象小微化，有许多微内容、微业务，针对小微人群。二是经营者小微化，有许多小微企业和个体户。

（4）社会化。许多社会化媒体和非传媒机构在进行移动新闻传播经营，比如许多报刊精英进行新闻和评论内容创业。

三、采编与经营分开

中国的新闻机构以宣传为主，人员也以采编为主，采编与经营要分开，既使各自集中精力、提高工作质量，又避免相互干扰。

一是队伍分开，媒介组织对他们实行不同的管理方法和激励机制。

二是活动分开，采编人员不承担经营任务，经营人员也不插手采编活动。

然而，采编与经营又难以完全分开。新闻机构从战略规划、市场定位，到媒介产品的制作，大多既是采编准备和采编实施，又是市场营销和产品生产。同时，采编与经营又可互相促进。采编质量提高对大众媒介组织主业经营的发展至关重要。反过来，经营可为采编提供物质基础；经营思路明确、市场定位准确，可使采编有明确的目标和良好的效果；经营还促进采编提高受众意识，提高宣传艺术性、新闻性、形式丰富生动等，这正是目前的大众媒介十分需要的。

因此，采编与经营既不能又不必完全彻底地分开。采编者要顾及能否"卖"得出去，获得受众；经营者也要顾及采编的社会效益追求，不能要求采编把重心只放在最能吸引广告主的人群等身上，而忽视大量低收入人群和农民群众。

目前，在宏观上，宣传、采编与经营的互相促进还不足；在微观上，经营对采编的干扰又太大。

因而要注意微观上分离，宏观上结合。对采编部门和人员不宜有经济指标，传媒机构要把社会效益放在首位，社会效益会提升传媒的知名度和美誉度，间接带来经济效益。同时，要激励采编人员关注受众需求，提高媒介质量，关心传媒机构的发展。

四、注重公共关系，实施社会营销

不论是从为社会和受众服务的角度，还是从传媒机构自身的长远利益和持久发展来看，都必须注重与公众的关系，获得、保持和提高受众的信任度、亲和度、忠诚度。

许多企业把公关理解为与权力部门和人物的关系，对公众则只看利益和买卖关系。有些传媒机构也是如此。如媒介上有了失误不更正、不道歉，依仗行政保护下的垄断地位随意涨价，这使有关传媒机构和人员缺乏竞争压力和提高质量的动力，使受众在心理和购买行动上与传媒机构更加疏离，总体社会效益和经济效益都不会理想。

社会营销是市场营销的高级化，是关注社会整体利益、消费者长远利益的市场营销。

所谓市场营销，是对产品和服务及其定价、促销和分销进行策划与实施的过程。市场营销观念是适应市场经济发展的经营思想。在产品经济时代"以产定销""酒香不怕巷子深"，与此相应的有生产观念和产品观念。在卖方之间的竞争较强后，企业又把产品和服务推销出去作为主要着力点，形成"推销观念"。而在现代市场经济环境下，市场成为全面的买方市场，卖方的竞争十分激烈，企业要以买方的需求为中心，"以销定产"；

产品售出后，还要做好售后服务，收集反馈意见，不断提高产品质量和信誉。这些就构成"市场营销观念"的主要内涵。

过去传媒的集中化程度很高，一个地方基本上只有一家日报、一个电台、一个电视台，受众没什么选择余地，基本上是卖方市场。现在不少地方电视台也有好几家，报纸杂志和电台就更多了。许多传媒机构也改变了过去我说你听、以我为中心的策略，而采用了市场营销方法，根据市场供需状况提供相应的产品，采用相应的价格策略、销售策略、促销策略，开发利用品牌资源。

然而单纯的市场营销只追求中短期的利润最大化，不顾社会的整体利益，不顾消费者的长远利益。会造成资源浪费、环境污染，妨碍可持续发展，或损害消费者的身心健康。因而会受到公众的抵制和社会的制约，最终也会损坏传媒机构的社会形象和生存发展环境。

社会营销观念则不同，它是在维护消费者和社会利益的前提下，正确分析目标市场的需要和欲望，对其中符合社会整体利益，符合消费者长远利益的部分，提供比竞争对手更有效、对消费者更有利的产品和服务，在获得利润的同时，也有利于社会形象和长远利益。

现在有些大企业已采用社会营销方法，如研究开发节能降耗的新能源产品，采用有利于减少环境污染的新产品，虽然研制、生产和使用成本都较高，见不到中短期的经济效益，但仍积极开发，赢得了良好的社会声誉和政府、公益机构等支持。

在西方，社会营销原则一般只有在不影响赢利甚至还能带来更多经济利益时才被采用。传媒机构对社会整体利益、公众长远利益的影响比一般企业更大，传媒又必须把社会效益放在首位，因此更应采用社会营销原则。在经营中要注重以下两点：

第一，以受众的利益和需求为中心。现代市场营销与以往的经营方法的根本区别，并不在于是否承认买方的利益和需求，而是把这些利益和需求放在什么位置。以往只是把它们作为一种考虑因素，而现在则是要把它们放在中心的位置。传媒的出发点和落脚点都应是受众，不仅在传递信息、反映舆论等过程中当如此，即使是进行宣传教育、引导舆论时也当如此。从传播的效果来看，受众是大众传播的终端，被受众接受与否和接受的程度，便是传播是否有效和有效的程度。以受众的利益和需求为中心，要求具有明确的目标和清楚的价值标准，取得更好的社会效益和经济效益。

第二，关注受众的根本利益与合理需求。受众的利益有个别、切近、暂时利益和整体、长远、根本利益之分，在市场营销中注重后者，不仅符合社会营销原则，也把传媒既尊重市场规律，又要社会效益第一、不完全以市场为导向统一了起来。

受众的需求有健康合理的，也有与之相反的，满足受众需求的手段包括产品、服务和销售方法，也有对受众有益的和相反的，注重后者也是社会营销的特征。不要能赚就不择手段。假冒伪劣产品不符合消费者的利益，故不可取，"表面文章"的宣传也不是消费者需要的，亦当摒弃。受众需要优质的、合用的、方便的产品和服务，传媒也要质量上乘、适销对路、服务到位。

五、开展资本运作和多种经营

资本是可以创造新价值的价值，包括各种投入再生产过程的有形资本、无形资本、金融资本和人力资本。资本运作的方式主要有投资与融资，资产置换与重组。

投资是最经常的资本运作。经济效益好的传媒机构会有大量的剩余资金，这些资金如不循环流动起来就是浪费。同时还有许多固定资产、无形资产可以用于投资。融资包括借贷、定向募资和发行股票、债券。

资产＝资本＋其他积累＋负债。资产置换是以某种资产换另一种资产，如上市公司的控股股东以优质资产或现金置换上市公司的呆滞资产，或以主营业务资产置换非主营业务资产。资产置换包括整体资产置换和部分资产置换。资产置换使资产结构得到调整，资产状况得到改善。

资产重组是与其他主体在资产、负债或各项所有者权益之间的调整。可分为对企业资产的重组、负债的重组和股权的重组。对企业资产的重组包括收购资产、置换资产、出售资产、租赁或托管资产、受赠资产。对企业负债的重组可分为与银行或债权人之间的资产重组。企业股权的重组往往预示着新股东下一步对企业资产和负债的重组。资产重组又可分为战略性重组和战术性重组。对企业资产和负债的重组属于在企业层面发生的战术性重组，而对企业的未来影响巨大的股权重组或整体融合兼并，就属于战略性重组。

资本运作还有无形资产的运作，包括品牌、版权、专利技术的开发利用。

资本运作可以融通资金，优化资源配置，提高资产利用效率。例如，企业规模太大，导致效率不高、效益不佳时，就可剥离出部分亏损或成本与效益不匹配的业务；当企业规模太小、业务较单一，导致风险较大时，就会通过收购、兼并适时进入新的业务领域，开展多种经营。

广义的多种经营包括主业经营和非主业经营，狭义的多种经营仅指非主业经营。许多传媒机构通过行政保护下的垄断经营或资本运作，获得了巨大的财富，体制上的限制又使之不能在本业内充分拓展，于是盲目跟风，随意地投资不熟悉和不擅长的领域，大多数亏了本，有些项目还得不断烧钱。对此除了要认真检查总结，还须及时进行资产重组，将不良资产出售、托管或与其他机构合作、合并。

资本运作还有助于改进体制和管理。有效的资产运作要符合经济规律，因而要求有相应的体制和管理予以配合，如产权要明晰，所有权、占有权、使用权、收益权、处置权要分清；政事要分开，使产权可以通过市场合理流动。所有权主体的多元化，有利于形成相互支持和相互制约、监督的治理结构，科学的决策机制和有效的约束机制。

优化传媒机构和行为还包括提高技术水平、从业人员的素质和对外传播能力（详见本书最后一章）。

第三节　优 化 管 理

一、目标和体系

1. 总体目标

有人说，管理就是管住理顺。这话说对了一半。管理不只是要管住理顺，而且还要保障促进。传媒的管理目标可分为总体目标和具体目标。

总体目标要服从、服务于社会的需要。社会发展的目的为人的幸福，目标应为人的解放和全面发展，衡量标准应为生产力解放和人们精神文化生活水平的提高。传媒的发展和管理的总体目标应为充分发挥其积极作用，防止其消极影响。

2. 具体目标

在西方，经济利益集团对媒介的垄断控制是很突出的大问题，社会责任论就呼吁政府制定媒介领域的反垄断法律，而中国目前不存在这方面的问题。对当代中国来说，发挥宣传、指导、教育作用是传媒的重要任务，要采取各种措施提高这方面的针对性、吸引力和影响力。

大众传媒追求经济效益和市场竞争，不仅要尽力提高经济效益，壮大新闻事业，而且要通过创造经济效益，推动传媒贴近实际、贴近生活、贴近群众，提高吸引力和传播力，提高宣传艺术和服务水平，克服唯上唯权、脱离群众、缺乏国际竞争力等问题。

经营上，也要有明确的目标和管理指标。事业型传媒的国有资产保值增值、经济效益和社会效益都要有具体的考核指标。在此基础上明确责任，实施奖惩，形成激励机制。

3. 管理体系

管理体系包括制度规则体系和执行体系，建立和完善科学的管理体系，是优化传媒机构的重要内容。管理体系包括资金管理体系、质量管理体系、市场营销体系、人事管理体系。需实行可升可降可转的层层聘任制，可进可出可待岗的聘用制；实行目标管理制，岗位责任制，采编工作量化管理，按效率和效益分配等。

二、管理的原则

传媒管理至少要坚持以下原则。

1. 以人民为中心原则

传媒的正面积极作用和负面消极影响都很大，直接关乎公众、社会和国家利益。传媒的资源又是有限的，包括物质资源、广播电视频率频道资源、受众的注意力资源，因而传媒必须承担相应的社会责任。

为此，传媒必须坚持以人民为中心的原则：由人民掌握，为人民服务，以人民利益为最高利益，在当今中国则要把党性与人民性统一起来。

2. 社会效益第一原则

传媒的企业化管理、市场化运作可优化资源配置，提高工作效率，激发服务社会和公众的积极性、创造性，然而有些传媒片面追求经济效益，忽视严肃深刻的内容、降低精神文化水准。

传媒的全球化主要以商业化运作手段展开，并且迫使相关市场上的公有和国有传媒也趋于商业化，以取得相应的市场竞争力。这又给传媒履行社会责任、遏止商业化的消极影响，带来了新的难度。

为此，必须坚持社会效益第一的原则，营造奖优罚劣的环境，让人们不但看到社会效益的重要性，而且看到社会效益与经济效益的相辅相成关系。

3. 科学化、规范化原则

科学化就要按照规律，包括新闻规律、传播规律、传媒经济规律、传媒发展和管理规律。

规范化、法制化是科学化的制度保障，改变人治过宽、过滥，严格遵守、具体落实宪法的有关规定，建立科学的政策法规制定和执行程序，包括征求专家学者和社会公众的意见——这在经济和公共服务领域已不言而喻，而在传媒领域则仍需加强。

三、优化机制

这里的机制包括决策机制、竞争机制、激励机制、发展机制和约束机制。

决策机制是指决策系统各要素之间的相互关系和内在机能。决策有战略与策略决策、目标与计划决策、机构与人事决策、产品与服务决策、价格与成本决策、生产与销售决策、技术与设施决策、资源开发与利用决策、财务与资本运作决策，等等。要通过有关的程序规定、权力结构、机构设置、责任落实，以及竞争、激励等其他机制的配套，形成民主的、高效的、能保障决策科学与及时的机制。

竞争机制包括竞争上岗，竞争得奖，竞争获取资源，形成人员、业务乃至机构的优胜劣汰。要把有限的资源向具有比较优势的业务倾斜，如果两个产品都能有效益，而其中一个的效益好得多，就要重点发展这个产品，甚至通过缩小或取消另一个产品，以提高资源利用效率。

激励机制是激发、鼓励积极性和创造性的机制。激励方式有物质激励和精神激励。前者包括财产收益、劳动收益的激励，如股权股息、工资奖金、福利待遇；后者包括荣誉地位、成就感认同感等方面的激励。此外还可有破产倒闭威胁等负激励，促使激励对象振作精神，扭亏增盈。

竞争机制和激励机制的前提是责、权、利紧密结合。从媒体机构整体到各个管理层面，从其中的主要领导者到每个人，都要有明确的、紧密结合的责、权、利。这需要体制优化，也需要人事、分配、考核、奖惩等各项制度的保证。

发展机制包括发展动力、发展目标、发展方式和发展手段。发展动力受制于决策者对长远发展的考虑，其形成关系到正确处理眼前利益和长远利益，使经营者、劳动者、投资者的目标与企业的长远目标相一致，并在约束机制中制止管理者损害企业长远利益的行为。

约束机制可分为外部约束和企业内部约束。外部约束有党政、法律等约束和市场约束。市场约束可分为供给约束、需求约束、市场管理和调控约束。其中需求约束（如传媒的受众和广告客户的向背）是最为经常，也最易于变动的约束。内部约束包括产权约束、财务约束、纪律约束、道德约束和其他各种形式的监督，还应加强对传媒的舆论监督和传媒机构的自我批评。

四、战略管理和市场策略

产业主体的战略管理包括战略分析、选择、实施与控制。

知己知彼是成功营销的起点。"己"包括人、财、物、体制结构、管理机制、无形资产等；"彼"包括整个市场和影响市场的因素，即小环境和大环境。"己"和"彼"都时时在变动之中。在社会大转型时期，变动就更大。对此要严密跟踪，以及时做出调整。

现在不论哪种新闻传媒机构，都特别重视与新闻传播有关的新技术。利用移动终端扩大传播，利用大数据、云计算精准传播，利用人工智能选择、制作和发送新闻……面对第五代移动网络5G，有的文本机构转向音频、视频传播，有的短视频机构向长视频发展。

上海报业集团密切关注八大类技术。前面四类是基础和硬件设施的 4G、5G、智能终端和机器学习技术，后面四类是人工智能中的文本、语音、视频和影像技术。这些技术可用于新闻工作的 5 个流程：采集、生产、分发、接受和反馈。

市场定位，即确定自己在市场上的位置是战略管理的重要内容之一。对传媒而言，主要为确定目标受众的类型和范围，媒介的层次、内容、特点。所定位置的最佳处应是潜在需求大、自己又能够占领的地方。

市场策略包括产品差别化策略、价格策略、销售渠道选择、进入市场的时机和方式、树立品牌形象、运用促销手段、拓展延伸业务等。要注意结合传媒的特点，比如树立品牌形象，可在传媒或栏目的名称、风格、特色、广告语上动脑筋，也可通过名记者、名作者、名主持人等来提高声誉、扩大影响。

第四节　提高传媒公民和媒介人的
职业素养

一、传媒公民的概念

传媒公民的概念源于企业公民（corporate citizenship）的概念。企业公民是指一个企业应像公民那样，具有一定权利和义务，一方面享有法人权利，另一方面要遵纪守法，并承担社会责任。

一个企业的成功与社会的健康和福利密切相关，因此它应全面顾及利益相关者，包括雇员、客户、社区、供应商、自然环境等的利益，也有责任为社会做出贡献。

企业公民的概念支持了企业的"公益策略"，即重视对自然、人类、社区等环境的影响，符合道德精神和社会公益的发展。

传媒机构作为一个企业来说就是企业公民。然而传媒机构与一般企业又有很大的不同，中国的主要传媒机构还是事业性的。因此可使用"传媒公民"的概念。

传媒公民与一般企业公民有基本相同之处，然而其权利和义务的内涵，及相应的行为原则，又很不一样。

传媒公民除了拥有一般的法人权利，还拥有作为职业传者的一些权利，包括知晓权，以及与之相应的对信息和媒介的接触权，如新闻工作的采访权；创制权包括创作自由权和编辑权；发布权即把传播内容传送至接收者的权利，包括发表权、出版权、传输权；以及著作权。

这些权利既是公民的当然权利和职业传者的职业权利，又是传者履行社会义务的条件。例如，新闻机构要履行好社会责任，就必须有收集信息、制作新闻和进行传播的权利。

在义务方面，传媒公民除了与其他企业公民一样，有义务遵守法规、社会公德和职业道德，还有义务履行传媒的社会责任。

传媒机构的社会责任包括提供及时的、充分的、优质的信息，满足社会的信息需求，实现人民的知晓权；反映民情民意、社会舆论，提供交流观点的平台，实现人民的表达权；监视环境、揭露丑恶、制约权力，实现人民的监督权；通过宣传教育、集散文化，促进社会和谐与科学、全面发展。

实现受众的权利是传媒的重要责任。受众的知晓权、表达权、监督权和作为传媒消费者的权利，很大程度上要通过传媒机构予以实现。反过来，传媒机构及其工作者的采访权、发表权、监督权的内涵中，有的是机构和个人可享有的一般权利，有的则是实现受众权利的需要，由受众的权利提供了理论依据和现实可能。如果说实现传者的权利是社会的责任，那么实现受众的权利既要靠社会，又要靠传媒。

履行义务是享有权利的条件。如果传媒不履行传递真实信息的义务，使受众上当受骗，就会遭到舆论的谴责，被受众抛弃。

在行为原则方面，企业可以把扩大公益成绩作为一种策略，而传媒则必须将此作为目的。

二、传媒公民和媒介人的职业素养

职业素养是从事某项职业所需的素质、修养，一般指个人的素养，也可指某个团队、某个机构的素养。传媒的职业素养不仅个人要有，还要成为整个传媒机构的素养，体现在传媒工作的各个方面。就像传媒不仅指传播媒介，也可指传媒机构一样，从整个社会的大系统来看，各个传媒机构也是职业传者，也要有职业素养。

传媒公民和媒介人的职业素养包括职业道德、职业精神和传媒素养。

职业道德属于道德范畴的行为要求。传媒公民和新闻工作者要忠于事实，坚持真理，保护合作对象，不以私利影响工作，尊重对手，正当竞争。

职业精神是遵守职业规范、追求专业水准、对社会和公众尽职尽力的精神。职业规范包括职业道德规范和职业活动规范，是基本性、约束性、指导性的，追求专业水准、对社会和公众尽职尽力是高层次、激励性、建设性的。传媒公民和新闻工作者要尊重事实、从不同的信息源核对重要事实、兼顾不同因素和意见进行平衡报道、案件判决前不做定罪定性报道等，追求信息的真实、全面、客观、公正、及时，尽力履行沟通信息、瞭望环境，揭示真相、反映民情，交流意见、监督权力等职业使命。

传媒素养是上述职业道德、职业精神的基础，又是提高传媒活动水平的基础。

传媒素养不仅有个人的，还有社会环境的、社会组织的、权力机构的、传媒公民的。它们的传媒素养与个人的直接相关，但又不是个人传媒素养的简单相加。如社会的传媒素养水平，既要靠每个人，又要靠社会的传媒理念、传媒体制、传媒管理所体现的传媒素养。

传媒公民和新闻工作者的传媒素养，也反映在相应的知识、能力、态度和行为上，主要表现为充分认识传媒权利和义务及其相互关系，积极、正确、有效地履行这些义务。

在认识方面，传媒公民和媒介人是大众传媒的内行，至少是行内者，一般对传媒有较多的认识。随着人们对传媒认识的不断深入，时代的发展又使大众传播不断出现新情况、新问题，传媒人对传媒的认识也要与时俱进，及时更新。

随着全球化和新科技的发展，中国政治文明建设的推进，经济、社会和政府管理的转型，大众传媒的环境、结构、组织和运作方式，各种传媒的功能、地位、作用和工作方式，都出现了许多新的变化。传媒人要适应这些变化，抓住新机遇，应对新挑战，也需要很好的传媒素养，首先是认识上要及时、深入和前瞻。对即时、互动、分群化、核心竞争力等新概念，以受众为中心、效果为目标等新理念，都需要有很好的理解和运用。

履行义务方面，职业精神使人积极地履行义务。同时，还要正确、有效地履行义务。

应把守法的义务放在第一。传媒的体制、管理、宣传、报道都要在法制的范围内，依法行事。传媒内容的选择和处理中，符合法规是最基本的标准。

当宣传观点与传递信息的义务有矛盾时，要视具体情况区别对待。有的大众媒介以宣传为首要任务，如从事对外传播，可以更多地注重宣传需要，但也不能无视新闻传播的要求，否则就不是大众媒介，报纸就只是大而厚的传单。另一些大众媒介以传递信息为主，但也不能排斥宣传需要，忽视舆论引导。

目前对事业型传媒来说，宣传责任一般是上级要求的，比较容易得到落实，新闻传播的责任是社会要求的，比较容易被忽略。因此较容易出现的失误是宣传责任压倒了新闻传播的责任。而有些新闻传播责任的履行，恰恰能产生很好的宣传效果，或者能反映出此前宣传效果的好坏、可防止和纠正宣传的低效或失误。忽视新闻传播的责任，其影响和危害往往并不比忽视宣传责任轻。

当用事实进行宣传时，仍要遵循和利用信息传播的基本规律。尽可能与传播其他事实性信息一样，注意寻找新的角度、层面和内涵等。当传者发现事实与上级要求传播的观点有矛盾时，应尊重事实，以事实来检验观点正确与否，而不应削足适履，仅用偶然、个别的事实来证明观点，甚至扭曲、篡改事实，误导受众。

正确、有效地履行义务还需要有专业水平，因而传媒素养也包括具有专业知识和技能，掌握和遵守职业活动规范。

近20年来传媒业的迅速发展，使从业人员急剧增多。现在从业者的流动性也很大，许多传媒人并没有受过良好的职业训练。新闻工作节奏快、压力大，且许多人对新闻理论甚至对新闻业务也缺乏兴趣。[①] 因而总体说来，现在传媒人的职业素养很不够。

---

① 2003年发布的一项抽样调查结果显示，新闻从业人员很少接触新闻理论、业务期刊和新闻业界网站。见陆晔，俞卫东. 传媒人的媒介接触和使用行为［J］. 新闻记者，2003（6）：54-57.

传媒机构领导者的职业素养对整个机构和其他传媒人有举足轻重的影响。如果选任传媒机构及其主办、主管单位领导时，忽视其传媒素养水平，如果在传媒的运作中，任由许多传媒素养不高的领导者肆意干预，就会使传媒公民的职业素养、行为水准缺乏基本保障。同时，许多受众的素养不高，广告客户的利益驱动，又经常影响传媒公民和传媒人的态度与行为，使传媒低俗化、煽情化等。因此要提高传媒公民和传媒人的职业素养，还需要全社会的重视和支持，需要各级党政干部和公民的传媒素养相配合。

第九章

数字化与中国传媒业

第一节　数字化带来新模式

传媒业的数字化包括新媒体的崛起，传统媒体的数字化，传媒机构的数字化，以及传播和接收活动的数字化。

数字媒体被称为新媒体，包括网络媒体、互动电视（通过有线电视网）、移动电视（主要装载在交通工具上）、手机、光盘、硬盘录像、电子阅读器等。目前分众媒体、聚众媒体、移动媒体等市场尚小，被称为缝隙市场里的缝隙媒体。Web 2.0 带来巨大的潜能，使众多点对点的或自媒体（个人点对面传播）的新形式方兴未艾。

有的传统媒体采用了数字技术，但其基本形态和性能并没有质的改变。如用数字技术制作和传输广播电视节目，在传统接收机上播放出来；如模拟电视机采用了数字技术，能自动搜台等。这些仍不属于新媒体。而当广播电视进入了互联网或宽频有线电视网，受众可以自主点播、下载、保存，就有新媒体的性质了。

数字化使大众传播在传播时间上更快、空间上更广、内容上更多、形式上更丰富、使用上更便捷，并带来传播上和经营上的许多新模式。

一、传播新模式

这可以从传播过程及其中的五个基本要素即传者、内容、媒介、受传者和传播方式，来考察数字化带来的传播新模式。

从传播过程看，数字化使许多传播的起点已经不是传者或信息源，而是受传者。

从传者看，数字化改变了大众传播的传者。过去大众传播的传者一般为专业化的媒体组织，数字化大大扩大了传者的范围。网络服务商、移动通信运营商都可成为大众传播的传者。Web 2.0 时代的普通人也能利用网络或手机媒体，通过博客、个人网站等自媒体，通过许多主要由普通公民供稿的"公民新闻"网站，进行点对面的传播，成为大众传播的传者。

从内容看，数字化使信息和观点多元化、全面化，民情民意、不同意见、舆论监督等内容大大增加。传统媒体的议程设置也深受影响。许多记者编辑经常从各种网站、博客等上寻找报道和评论的线索。已有不少社会性议题是先在网络上火爆，然后传统媒体才进行报道。有些弱小、边缘媒介的内容，也通过网络而进入其他媒介和全社会的视野。

从传播媒介看，数字化不仅带来网络媒体、手机媒体的风行，还带来各种媒体的融合，带来人际传播、群体传播、大众传播媒介的融合，乃至万物互联、万物皆媒。

从受传者看，数字化赋予其空前的传播自由度和主动权，乃至随时可成为传者。

从传播方式看，数字化使大众传播可以由单向传播变为双向互动，由点对面变为点对点，还使广播电视传播可以由传者安排的、按规定时间和先后顺序播放的线性传播，变为受众自己选择的、打破时间和顺序限制的非线性传播，受众可轻易地跳过不需要、不喜欢的节目和广告。

传受双方的随时互动使传播可及时调整。现在国外许多电视剧是边播边拍，播后马上收集观众对剧中情节、人物等的意见，以改进后面的拍摄，并可把受众最新关注的时事等内容编进去。

点对点的传播可开发出多种新的传播服务。如根据各个受传者不同的需要，提供专供信息、广播电视点播等。

非线性的传播加上数字化传播的无限容量、渠道和时空，使传播的主动权由传者向受众转移。以往在新闻传播中的"（境）内外有别""延迟报道""部分报道"等方式，在数字化时代已日益过时，取而代之的应是及时和充分，争取"先入为主"效应。宣传、广告传播也要改变强灌硬塞，尽可能采取让受众自愿获取、欣然接受的方式，以免被受众筛选掉。

移动传播更是带来传播方式的全新变化。

二、移动传播方式的特点

1. 随时随地，从而实时化、高频化

移动终端可方便地进行实时、随时更新的传播，多角度、多层面传播。传者和受传者高频率地进行传播活动，但过高频率地抢发新闻会使内容缺乏完整性和深度性，甚至丧失核对新闻的时间；用户过于频繁地刷屏也会浪费时间。

2. 多级化、分享化

移动传播的内容往往被不断转发，形成多级传播和扩散。在这过程中，往往还被加上各种评论，甚至被删改。多级传播的动机往往是分享。

移动新闻分享主要通过微博和微信，前者是弱关系传播，后者是强关系传播，分享的心理动因主要是经验分享、社交、地位寻求，通过转发新闻，在朋友间产生一种类似意见领袖的地位，尤其是当自己成为第一个转发某条新闻的人并且之后朋友纷纷转发时，会获得成就感和满足感。

这种分享具有较强的时效性、互动性、自主选择性，分享的对象往往是熟人，分享者的评论一般还会增强人们的阅读意愿。

但这种分享往往有违新闻的真实性、客观性和严肃性，并容易产生"回音壁"（或曰"回音室"）效应——一些意见相近的声音不断重复，还会以夸张、扭曲的方式重复。

3. 互动化、个性化

移动传播的互动化可分为三种：一是人际互动化，包括评论、分享、点赞，以及用户与内容生产者之间的直接互动。二是人与内容本身的互动，形成"互动新闻"——利用虚拟现实（VR）、增强现实（AR）等技术，多形式、多媒体地展现新闻内容，给予新闻受众多感官的刺激，让用户自己探索、自己讲故事、自己思考、自己得出结论，乃至提供有关新内容。三是数据互动化。社交化同时，用户可从几乎无限多的渠道，选择最符合自己需求的内容，从而大大提高传播的效率和效果。然而也会带来信息范围受限、内容片面等问题，如"信息茧房"和"意见回音壁"问题。

4. 群体化、社交化

许多移动传播在群体中进行，如微信群、微信朋友圈。群成员之间许多是熟人，具有熟人之间传播的特征和效果。

满足社交需求成为许多人参与新闻传播的重要原因。腾讯新闻之所以获得大量用户，一定程度上也有赖于社交平台 QQ、微信奠定的用户基础。其他各类移动传播媒介也力图通过社交化提升信息传播的速度与广度，一方面，与既有平台合作，如今日头条、ZAKER、一点资讯等都支持将内容分享至微信、微博、QQ 等平台；另一方面，在自有平台上打造内容社区提升社交性。于是传播意图的社交化与内容的社交化相互支持和加强。

5. 碎片化，草根化

移动传播让用户可经常利用碎片时间，同时许多整块时间也被碎片化了——不断被移动终端打断、切碎。与之相应的传播也往往是断断续续、零零碎碎的。

碎片化也表现在传播内容上，短小零碎的信息可在移动终端随时出现，许多完整的内容也是由种种片段凑成的，那些片段往往还是来自不同的提供者。越来越多的移动内容产品把这种碎片化考虑在内，尽可能短小、分段，这反过来又加剧了用户的碎片化接收习惯。

碎片内容提供了丰富的信息，填补了碎片时间，但也造成了碎片信息泛滥，使人们的注意力分散，难以进入深度阅读。

人们的知识和思维也被碎片化改造了。碎片、娱乐内容挤占了深度阅读和思考的时间，久而久之，思维也趋于宽泛有余而深入不足。

过度沉溺于碎片、表层、浅阅读内容，还会使受众不知不觉地满足于被动的知识积累，懒于思考，乃至降低社会参与度、行动力。

碎片化还表现在传播主体上，传者和受众不再只是一个个整体，越来越多地成为碎片式的群体或个体。

人际关系也大大增加了广度、减少了深度，人与人之间遥远的距离不是"我在长江头，君在长江尾"，而是我在你身边，你在手机里。

因此，需促进碎片内容的集聚、碎片平台的交互与整合，用户也需清醒认识碎片化的弊病，自觉降低其负面影响。

移动传播使人人都能成为传者，许多普通公众也能随时随地发出新闻和评论，反映基层民情、草根意见和愿望。

三、盈利新模式

所谓盈利模式，就是有关利润的来源、生成过程、产出方式和相应管理控制的系统化方法，比如通过低价销售报刊得到更多读者，进而赢得更多的广告收入。

利润来源不仅与终端产品和服务有关，还与技术、渠道、顾客、资本、声誉、品牌等相关。盈利模式有产品为中心模式、客户为中心模式、竞争为导向模式（主要以差异化、核心竞争力获得盈利）、关系为导向模式（与各种利益相关者合作共赢，包括客户、代理商、金融机构、品牌共享者、战略联盟伙伴）。①

数字化不仅创造了网络、手机等新媒体及其盈利模式，而且给所有媒体都带来了新的盈利模式，包括传统媒体与各种新媒体的结合，对信息进行深度加工和整合，产生种种新的媒介和其他服务产品——如提供定制信息和数据库、研究报告和专门咨询，提供受众情况统计、传播效果测评，还包括更好地建立客户关系，满足客户的其他各种需求（如购物、交流等）。

以中国计算机报社为例，一方面充分发挥平面媒体在公信力和影响力，在重大题材、深度报道，携带、管理及视觉效果等方面的优势；另一方面又充分利用网络、手机等新技术、新渠道在读者互动、内容创造及传播速度等方面的优势。以《中国计算机报》品牌为中心，建立报纸—网站—移动服务供应商—数字内容与数码产品相结合等多种渠道的集成传播平台，并采用读者行为追踪分析、数据库管理、专业搜索等技术手段。从单纯的内容传播服务拓展到数据库直投、专家型研究、广告效果评估等多元化服务；从单纯的广告经营拓展到活动、培训、咨询、无线服务供应商等多种经营。总之，通过报刊网络化、传媒数字化，建立起新型的收入持续增长模式。②

美国报社应对数字化的机遇和挑战的主要策略也是从提供报纸转变为

---

① 阎锋. 传媒盈利模式：概念、特点与战略层次 [J]. 新闻界，2006（3）：21－23.
② 李颖. 新媒体不是"狼"——数字时代的传统媒体新战略 [J]. 传媒，2006（7）：16－18.

提供信息：以报纸为核心产品，在其外围进行多元化创新，通过多种盈利平台的投资组合，提高传播质量和针对性，连接更广泛和更特定的受众。

如通过网站提高传播的时效性，要求记者在得到新闻的第一时间直接把报道发给本报网站；开设记者编辑的博客板块，在其中发布新闻和评论，与读者共同讨论，或请读者提供新闻线索；在网站上发布音频和视频信息，既可像传统广播电视那样线性地播出，又可让受众自由点击、非线性地播出，还可下载保存；开发各种针对特定人群的电子刊物，使广告更有效。报社还延揽那些已在网上获得较高人气的写手们，如各种博客精英，请他们参与网上或报纸工作。①

在社交媒体时代，人际关系成了大众传播的"基础设施"。网站等新媒体建设中至少有三种关系：人与产品的关系、人与网站的关系、人与人的关系。过去网站经营的思路是为用户提供好的产品，通过人与产品的关系来培养用户与网站的关系，再通过网络社区等方式发展用户与用户的关系。而在社交媒体时代，也许这种思路反过来会更顺，就是首先需要为用户之间的关系培育提供好的土壤，当用户之间的关系稳固后，用户对网站的依赖和品牌忠诚度也就会顺理成章地建立，与网站所提供的内容及其他产品之间的关系也就更容易建立了。这种思路是通过关系的营造去培育产品的竞争力，即"关系为王"，如腾讯公司的微信。专业媒体要在社会化媒体时代立足，就需要充分认识人际关系在信息传播中的重要作用，并适应以人际传播为基础的新的传播模式。②

第二节　网　络　媒　体

网络媒体是基于互联网的媒体，不是互联网本身，就像广播电视媒体不是收音机和电视机。网络媒体是互联网上进行大众传播的部分，但又与其他传播融合在一起。

网络媒体兼容报刊和广播电视的图文声像功能，或直接把传统媒体包

---

① 王莹编．"核心产品"的多元化创新——美国报纸应对网络竞争策略［J］.中国记者，2006（8）：78-79.

② 彭兰：《社会化媒体与媒介融合：双重旋律下的关键变革》，2014。

容在里面，同时又有大容量、超时空、多媒体，便于搜索、储存、反馈等多重特点，成为最主要的媒体。

以新闻和时事评论为重要内容的网络媒体就是网络新闻媒体。1998年9月12日下午2时，美国国会的网站上公布了关于克林顿绯闻案的报告。这是互联网第一次作为国家首选的媒介，在报刊、广播和电视之前发布具有重大新闻价值的政府文件，其他新闻媒体几乎都是根据这一网上信息编写和发布有关新闻，该事件开启了网络新闻媒体时代。

一、问题和趋势

优点与缺点往往形影相随，网络媒体也是如此。

无限容量带来信息泛滥，有价值的信息和意见往往难以得到足够的关注；综合性会令使用者分心，闲聊、娱乐过度，甚至陷入网瘾；扩散性使不该传播的内容也迅速流传，如"艳照门事件"；虚拟与自由促使虚假、不良、有害、侵权内容的传播；网络社区小群体容易形成意见回音壁，以至意见趋向极端。

此外还有网瘾问题，电脑病毒、"流氓软件"的干扰问题，隐私保护问题，等等。其中最普遍、影响最大的是"问题信息"，主要有三类：

一是虚假信息。一些网站为了提高点击率、制造轰动效应，故意制作与内容不符的醒目标题，有的干脆炮制虚假信息，这很大程度上是从业人员素质不高、缺乏系统全面的职业规范所导致的。因此网络媒体的可信度大大低于传统媒体。

二是不良信息。一些网站迎合某些受众的低级趣味，将低俗、黄色、暴力甚至反动的信息放到网上。互联网媒体实验室的负责人方兴东用"触目惊心"来形容国内网络色情现状。他说即使在美国，面向大众的门户网站也不会像中国某些网站那样，有明显的色情信息和相关服务。

三是侵权信息。最常见的是侵犯著作权。有网站抄袭、未经许可使用、拒付报酬等。网上相当多的转载信息不注明原载媒体和作者。此外还有侵犯隐私权、肖像权、名誉权等现象，以及在网上过分谴责形成的"网络暴力"。

以禁堵来解决这些问题是简单的。一方面控制网络信息的难度很大，有的信息还来自境外。另一方面，许多内容的界限很难分清，如色情与人体艺术，暴力与反映生活，合理批评与过分谴责，问题探讨与不良宣传，禁堵的成本很高，还难免失误。因此要采用多种调控方法，进行综合治理。提高传者和受众的新媒体素养是根本措施之一。

网络媒体还有其他相对劣势，包括：

（1）费用高。上网费和购买、维护设备的费用比消费任何一种传统媒体的代价都高。

（2）操作复杂。这也甚于使用任何传统媒体。

（3）长时间、近距离地使用电脑和手机，有损视力乃至身体健康。

随着科技、经济和网络媒体的发展，以上优势会逐渐扩大，劣势会大幅度缩小。如上网费用占个人收入的比例不断降低，上网操作不断简化。

传播技术正在走向 Web 4.0、N.0 时代；使网络传播的速度更快，声像质量更高，音频和视频内容更多。同时，网络终端更加移动化，走向手机 5G 时代。不易携带、影响使用者健康等问题，也都在日益缩小减弱。传播活动的重心向用户端转移，负面影响也日益得到认识和重视。

这些都使网络媒体趋于更加随时、随地和随意。同时，网络媒体还有最优化和多样化的趋势。网民能方便地从网上找到最优的媒介和内容，不能做到最好的只能重新定位，另寻目标市场，形成差异化、多样化格局。

二、盈利模式

网络媒体如不能盈利便无法继续生存和发展，许多网站曾因此而关闭。网站的盈利模式包括但不限于以下几种。

（1）收费信息。这又包含四种方式：把新闻等信息内容打包向其他网站或媒体销售；用户付费才能浏览某些网页；用户付费进入数据库查询；提供网上专供信息。

最后一种是向政府和企事业单位等提供定制的，专业性很强、有一定实用性的电子文本，也可配以印刷本。订购者付费获得网络通行证后收阅。比如分别针对金融、房产、汽车、建材、化工、环保等行业，定期推出的参考文本，人民网、新华网都有这项业务。如人民网的一种最新政策信息电子读本，销售势头很不错。

（2）网络广告。从 2001 年起，网络广告形态进行了很多创新。流媒体及多媒体网页制作技术将传统的网络广告发展到了视频点播技术。互动设计也是提高网络广告效果的重点，可由网民欣赏不同风格的主题曲，在网上投票选出自己最喜爱的曲子，这有别于以往强迫观看的方式。

（3）娱乐服务。如在线游戏和观看、下载影视片。在线游戏的赢利主要靠销售各类游戏卡。不少网站还在全国织就了一张很大的销售网，通过各地游戏专卖店销售，并开通了网银、邮汇、电汇等支付途径。内容上，目前各大网站仍侧重于做国外游戏的代理，国产游戏不足 20％。可见中国游戏市场的发展空间非常大，一款畅销的游戏出现，就会立刻带来滚滚财源。

（4）机构合作。如给政府部门或企事业单位办网站、微博、公众号，进行网上直播。文字、图片、音像资料都可在第一时间上网。网上直播不需要电视直播昂贵的设备和庞大的直播队伍，收费也较低，还可直接与受众进行现场交流。直播的内容又可随时调阅，反复收看，或下载保存。也可与政府或企事业单位联合开办网上服务业务。

（5）多种线下经营。网络媒体也可进行与媒体业务相关或无关的多种经营。如可以提供网络广告制作、域名注册、主机托管、空间租赁，乃至办网店等。

（6）图片库、稿件辛迪加。国内外已有许多通过网络展示和销售图片的网站，它们也被称为图片库，如中国新闻社主办的中国新闻图片网，如国务院新闻办公室图片库。它们都是在网站上，将用户和图片作者整合进可视化的采编、制作、展示、销售平台。客户有传媒机构、广告公司和工商企业等。它们可通过互联网浏览、检索、下载和使用数字化图片。

辛迪加是外语的音译，原意为"组合"，经济学中指同一行业的少数大企业，通过签订统一销售或采购协定而形成的垄断组织，用以获取垄断利润。而稿件辛迪加实际相当于特稿社，类似于图片库。国外大的稿件辛迪加网站有 iSyndicate、ScreamingMedia、YellowBrix 等。通讯特稿、深度报道、专栏作家稿件，都可通过稿件辛迪加供各种传媒机构购买。这种稿件可以是面向大众市场的，也可以是面向小众市场的。

（7）把传统媒体内容变成网络媒体的财富来源。新闻媒体的负责人常常担心把传统媒体中的内容放到网上，会影响传统媒体的商业价值。

而事实上，大多数传统媒体网站的浏览者，并不是该传统媒体的经常受众。失之东隅，收之桑榆，可在网上增加新的受众和相应的经济、社会效益。

（8）网上远程教育。通过计算机网络、多媒体与远程通信技术，可实现跨时空的全新教学方式。中国现代远程教育工程的目标是形成开放式教育网络，构建终身教育体系和学习化社会。中小学已有网校，向学生提供重点中学的同步教学和复习内容，还可以根据学生的要求进行辅导。网上教师都是一线的优秀教师，对家长和学生很有吸引力。

第三节　手机媒体

手机可吸收报刊、广播电视和网络媒体的精华内容，又可随时、随地、随身、随意地接收和发布信息，正成为人们最经常使用的主流媒体，并在很大程度上改变和整合其他媒体、传媒机构和传媒产业，以及个人、组织、社会的生活方式、工作方式、运行方式。

一、手机成为媒体

手机作为大众传播的接收端和发送端而成为第五媒体。智能手机不仅是人的延伸，而且是媒体的延伸，使各种媒体都能通过手机随时随地、随心随意地传播，使媒体的服务延伸到各个角落。手机衍生出大量的社会化媒体和社交媒体，因而成为人们最经常使用的媒体。

手机把大众传播与人际传播、群体传播、组织传播融合在一起，带来人际、群体、组织、大众传播媒介的融合，以及传媒业与通信、信息技术行业的融合，乃至与商业、贸易、金融等行业的融合。

新闻机构纷纷将内容进行分类、浓缩，制作成适合手机传播的形式，以短信、手机报、软件等途径扩大传播范围。微博使每部拥有上网功能的手机都可成为大众传播工具。脸书、微信等即时通信工具又让人们可通过网络快速发送语音、文字、图片和视频，走红程度很快超过了微博。

现在人们可随时通过手机获取和发布消息，上传图片、视频，其中有些内容又被其他媒体采用，广为传播。其他媒体的许多内容则被手机转发，进入二级、多级传播。新闻报道也在更多地采用"手机＋网络""实时＋滚动""业余＋专业""微博微信＋报道"等形式。

二、手机媒体产业链

手机媒体产业链打破了传统媒体的地区和行业分割，并创造了网络提供者、内容提供者和销售渠道提供者共同经营媒体的新型产业链。

移动通信产业由 4 个独立的产业链组成，分别是移动通信系统、移动通信终端、移动数据产业和无限局域网（WLAN）通信产业。

移动通信系统是手机媒体产业的基础。移动通信终端产业链指的是手机设备的生产、供应、销售、售后服务等价值环节。移动数据产业是手机媒体产业的母体，手机媒体产业是移动数据产业的组成部分。目前中国手机媒体产业的存在形式是移动增值服务，即移动数据服务。只有当拥有原创内容和展示窗口的手机网站出现之后，才形成真正意义上的手机媒体产业。

移动数据产业链如图 9－1 所示：

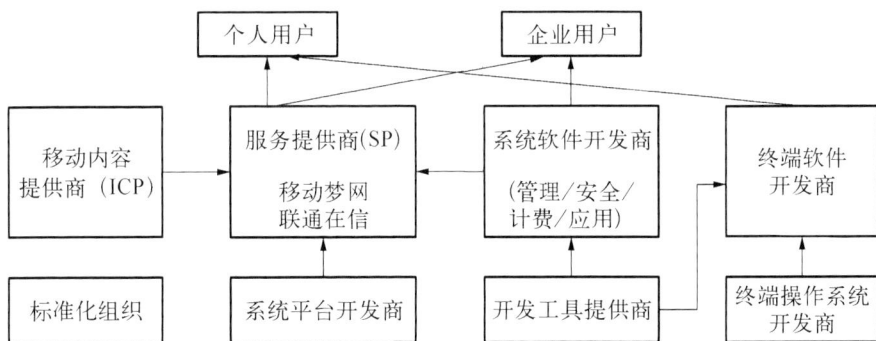

图 9－1 移动数据通信产业链

手机媒体的客户分为个人用户和企业用户。为了使客户获得满意的服务，必须同时有技术和内容的保证，相应衍生出技术运营和内容生产两个产业。在国家政策和标准化组织提供的行业标准之下，技术运营商和内容生产商共同促进整个产业的发展。

移动内容提供商（ICP）提供各种有偿信息，收集人们感兴趣的信息，将它们制作成适合在手机平台上发布的格式，出售给服务提供商。服务提供商（SP）是内容提供商和移动运营商之间的代理厂商。随着移动运营商和内容提供商之间合作的日益深入，SP将在这个产业链中消失。

第四节　新媒体素养

一、新媒体素养的必需

世界上只有好处而没有坏处的事物很少。书报是好东西，但会有人利用书报作反动宣传；广播电视是好东西，但浪费了人们的许多时间，甚至许多人得肥胖症也与在电视前的时间太长有关。新媒体更为复杂，它对人类传播的积极作用正日益展现出来，而其消极影响也日益引起人们的关注，如问题信息、垃圾邮件、欺诈盗版，引起成年人"网络病"、青少年"网瘾"。

怎样才能既充分发挥其积极作用，又防止其消极影响？可以举出很多措施，如发展网络事业、加强网络管理等。然而措施也会有两种结果。关键是人，所有事物和措施，都得看什么人创造、掌握、维护和使用。尤其是既复杂又与人关系密切的事物。比如法律的作用，取决于制定者、执行者和遵守者，新媒体也是如此。

随着新媒体逐步走向主流，人们对新媒体的素养也日益重要起来。这种素养既有助于充分发挥和利用新媒体的积极作用，又能防止新媒体的消极影响。如果许多人缺乏使用新媒体的能力，只是沉迷于新媒体的娱乐功能，对新媒体中的内容良莠不分，长期受其副作用的毒害，没有良好的社会舆论对新媒体进行监督和引导，那么新媒体的发展势必会受到很大的制约。

二、新媒体素养的内涵

与传媒有关的基本素养是新媒体素养的基础，有关传统媒体的素养也与新媒体素养直接相关。新媒体对传统媒体具有很大的包容性，报刊的一部分、广播电视的大部分，将以新媒体为载体或直接以新媒体的方式出现，如电子报刊和网络广播电视。

新媒体素养还有其特殊的内涵。对此也可从认识、利用和参与来把握。

1. 对新媒体的认识

1）认识新媒体本身

首先是了解关于新媒体的基本知识，如计算机和网络的基本知识，还要了解新媒体的性质和特点，其中有大众传媒的共性，又有其特性。

新媒体有"多、快、好、便"的长处："多"：容量大、内容丰富全面。不仅单个网站的容量大，如人民网的内容远远多于《人民日报》，而且通过超文本链接，使内容的深度和广度可以无限地延伸。

"快"：迅速及时。传者可通过互联网迅速采集和传递信息、图片等。受众可随时获得网上的内容，打破了书报刊印刷和发行时间的限制，电影和广播电视放映和播出时间的限制。

"好"：一方面信号的质量高。数字化的信号处理、传输和接收，其保真度远远高于传统的方式。数字化信号的优化也可轻易地达到几乎理想的程度。另一方面可容纳文字、图像、声音、影像，并通过图像变形、受众参与等，创造出许多前所未有的新形式。

"便"：传送和接收、保存和处理方便。随时可以传送和接收就带来了很大的方便，空间上可轻易地跨地域、跨国界、跨文化，利用卫星可到达全球任何地方，打破了传统的地缘政治、地缘经济、地缘文化的限制。数字接收终端的小型化和多功能化，把众多便利集于一身。数字化信息还可方便地进行搜索、复制、保存、统计、处理。

新媒体也有其短处，以网络媒体为代表，短处包括费用高、操作复杂、声像质量不高、安全隐患、健康损害。

2）认识新媒体对传播的影响

（1）使大众传播更全面。一方面让人们更接近客观事实，让人们获取许多难以获得的信息，另一方面让优质信息得到更广泛、更充分的利用，并使有些弱小、边缘媒介的内容，也能通过网络进入全社会的视野。

（2）使大众传播更广泛、更深远。其积极意义不言自明，但也会产生副作用。不仅有害信息也会如此传播，即使是一般的信息也会产生意外的后果。搜狐掌门人张朝阳说："一条负面的新闻，当事人也许犯的错误并不大，但是经过网络无限的传播，众多媒体及网民便群起而攻之，杀伤力极大。一点小错误有可能被成倍地变大，由此而造成的社会压力远远超过当事人所犯的错误。"

（3）使大众传播更自由和交互。

（4）使大众传播更有针对性。主要通过个性化的甚至点对点的传播实现。

（5）产生许多新问题。新媒体易产生版权、隐私权、内容控制、信息鸿沟等方面的许多新问题。

同时，手机还大大改变了人际传播和群体传播，并带来了许多新的机遇和问题。

3）认识新媒体的影响

新媒体将大大改变人们的认知、交往方式，改变社会的信息传播交流方式，以及相应的人际关系、生产关系、社会关系。从麦克卢汉"媒介即讯息"的视角来看，新媒体正是带来新世界的"讯息"，我们已日益感受到其深刻影响。

（1）社会方面：新媒体传播方便、交流自由等特点，形成新的反映舆论、交流观点的公共空间，增加公众维护自身权益和参政议政的机会，打破传统媒体的话语垄断权、信息发布和控制权，同时提高政治的开放度和透明度。

中国的传媒事业坚持为人民服务、为社会主义服务，传播一切有益于物质文明、精神文明和政治文明建设的内容，在媒介中突出正面宣传的主旋律，呈现出"多种媒介，一种声音"的特点。与此同时，人民内部也要百花齐放、百家争鸣，充分反映各种情况和意见，充分发展人们的个性和创造力。新媒体的广泛使用，使这两个方面都得到了加强，尤其是后一方面，出现了前所未有的"一种媒介，多种声音"的状况。

新媒体的开放性、平等性特点，还削弱了以往的地域重要性，并为弱势群体、边缘群体去除了某些障碍，提供了建立社会联系和参与社会公共生活的新机会。

新媒体对经济的影响也是明显的。新媒体本身有很大的经济价值，还大大促进了全社会的经济发展，通过促进信息传播、资金流动、物资流通、市场交易、企业管理、人才交流，提升世界经济的全球化水平。

但是，新媒体的积极作用也会受到很大的限制，同时还会产生一些负面作用。

对新媒体实施社会管理和控制的难度较大，传播自由在新媒体领域较容易被滥用。新媒体使地域内交流转向共同兴趣和偏好基础上的交流，这又容易造成小群体意见的趋同甚至走向极端。

此外，新媒体也不可能摆脱政治和经济权力的管理控制。管理者可以对有些网站和关键词实行屏蔽，也可以要求搜索引擎这样做。传统媒体在新媒体领域具有强大的、独特的优势。人们的注意力是有限的，经常浏览的网站大多也就十几个，许多信息、"声音"虽然上了网，仍不能被社会注意到。因此，信息控制、话语霸权仍然存在。

此外，新媒体还提供了新的违法犯罪途径。侵犯知识产权和隐私权、散布计算机病毒、"黑客"攻击、网上诽谤、网上诈骗、网上窃取、网络恐怖主义等对社会秩序已经构成了严重挑战。

（2）文化方面：新媒体文化有离散性特征。新媒体构成隔离性极强、自由度极大的虚拟空间。这有助于构筑和保持文化多元，加强人们的自主性，同时又对社会文化和个人意识，思维方式、工作方式、交往方式和生活方式，乃至社会文化整体，产生很大的影响。

网络对不同的文化没有明显的歧视。东方文化与西方文化、传统文化与现代文化、精英文化与大众文化、主流文化与非主流文化，都可有自己的网络空间。它们之间是平等的，不存在所谓上下、高低、先后关系，彼此相对独立、互不侵犯，充分体现了文化领域中相互尊重、相互理解的和谐关系。

同时，网络使用者可以选择一种隐身或匿名方式，也可以变换不同身份或角色，在抹去种族、地位、年龄、性别、相貌的情境下，大胆地表达、交流，享用资源。持各种文化观的人可以和平共处，自由发表意见。在网络上排斥或限制其他类别的信息、对某种文化进行封杀或压制，比在传统媒体上困难得多。

新媒体在很大程度上改变了传媒的格局，还影响了传统媒体的内容。已有不少社会性议题是先在网络上火爆，然后才引起传统媒体的重视。

（3）对个人的影响方面：新媒体可大大开拓个人的传播和交流空间，是人的延伸。新媒体可使人与人、人与社会的交往更为频繁，联系更为紧密。一方面提高人的生活质量和发展水平，另一方面提高人的活动效率和自我价值实现程度。

相对于传统媒介，网络使个人在传播中和信息的获取和发出中，能够比过去主动。这有助于提高人们的信息生活质量，形成人们的独立自主性格，同时又对个人的素养，包括个人的格调品味、分析判断能力、自我控制能力，以及写作、计算机操作等能力，提出了新的要求。

新媒体对个人也会产生很大的负面作用。新媒体构成的虚拟世界会使许多人疏离真实世界，降低在现实中的行动能力，有些人还由此形成说谎的习惯。据一项调查，有31.4%的青少年并不认为"网上聊天时撒谎是不道德的"，有37.4%的青少年认为"偶尔在网上说说粗话没什么大不了的"，还有24.9%的人认为"在网上做什么都可以毫无顾忌"。①

新媒体中的信息污染已经很严重，包括大量的冗余信息、虚假信息、色情信息、流言蜚语、垃圾邮件等。

新媒体的聊天、游戏等功能会使人深陷其中，浪费大量的时间精力，甚至染上"网络病"。

在医学上，"网络病"已成为通行名词，是人们过度上网所致疾病的总称，涉及眼科、骨科、神经科、皮肤科等多个医学学科。如造成假性近视、腕关节综合征、颈椎和腰椎疾病、少年畸形发育以及心理障碍等精神性疾病。

有研究显示，长时间上网会使大脑中的化学物质多巴胺（dopamine）水平升高，这种化学物质会令患者呈现短时间的高度兴奋，沉溺于网络中的虚拟世界而不能自拔，但之后的颓废感和沮丧感却更为严重。时间一长，就会带来一系列复杂的生理和生物化学变化。如一名大学三年级男生，经常在早上8点进入机房，直到晚上9点机房关门才离开。由于长时间过度上网，该生形容憔悴，情绪低落，并常伴有莫名其妙的言行，出现了生理和心理方面的异常。据医生说，这种症状属于网络性心理障碍，多发于青年男性。患者由于过分沉溺于网络游戏、聊天而出现情绪低落、生物钟紊乱、思维迟钝、自我评价降低和能力下降等症状，严重的甚至有自杀倾向和行为。

---

① 陈华明，杨旭明. 信息时代青少年的网络素养教育［J］. 新闻界，2004（4）：32-33，73.

同时，有的"网迷"对网络世界与现实生活不加区分，或者把上网作为逃避现实生活或消极情绪的工具，加上缺乏人际交往和社会活动，一旦回到现实后就可能无法与他人正常交往，甚至出现社交恐惧症。有的还导致"互联网成瘾综合征"（IAD），患者初期只是表现为对网络的精神依赖，渴望上网冲浪、玩游戏，之后就很容易发展为身体上的问题，出现食欲不振、焦躁不安情绪，甚至会引发心血管疾病等。IAD属于抑郁性精神病。需要接受深度的心理辅导和相应的医学治疗。许多"网迷"并没有意识到IAD的危害，最后往往在不知不觉中沉溺于网络而不能自拔。①

2. 对新媒体的利用和参与

上述关于传统媒体的素养和对新媒体的认识，显然是有效利用新媒体的重要基础。严格说来，上述新媒体的许多副作用，其实只是使用不当所致，就像有的人用刀子削苹果时伤了自己的手指，不应把责任归于刀子，而是要设法提高自己的用刀水平。

人们参与传统媒体的机会不是很多，而新媒体则不同。人人可以成为新媒体的传者，上网发帖子、建博客等。同时也可通过电子邮件参与网上调查等，方便地给新媒体机构提供情况、意见、建议或其他反馈信息。

作为管理控制者，应以积极的态度和科学的管理充分发挥新媒体的积极作用，同时也尽可能防止其负面影响。对于利用新媒体进行违法和犯罪，要加强打击力度。有的大学生制造计算机病毒、造成社会破坏被逮捕后，仅受到记过处分，既与其危害不相称，又不足以儆效尤。

作为内容发布者，从媒体机构到个人网站、博客、网上论坛等作者，都要清醒地认识到网络媒体的社会影响，尤其是青少年，要负责任地进行网上传播，包括确保信息真实准确、意见客观公正、内容健康有益，不侵权，正确引导舆论。

作为一般机构和个人，一是要尽可能充分地取其利而避其害。如善于选择质量高、信誉好的网站，对陌生的网站或网页，能根据其内容质量，以及打开网页的速度、文字的错误率等"硬指标"，主办者、参与者等"软指标"，做出大致的评判，并善于分辨网上信息的优劣。同时对网络安

---

① 袁宏伟. 关于大学生网民素质的思考——如何提高大学生互联网文化素质〔EB/OL〕.（2003－10－16）〔2018－07－23〕. http：//www. ccw. com. cn/work2/news/daily/htm2003/20031016＿135PL＿2. htm.

全问题有一定的防范意识和能力。还需要具备一定的自我控制能力，不陷入各种聊天、游戏、色情等内容而浪费时间、贻害身心。

二是要注意社会效应。在新媒体面前，人人可以轻易地成为传者，上网发帖子、建个人网站等。这就需要有一定程度的媒介传者素养，包括一定的道德水准和社会责任心，利用好传者的权利，履行好传者的义务。一般机构和个人传者与传媒机构的权利和义务虽然不完全一样，但在许多方面则是相通的。在具备一定程度的知晓权、创制权、传播权、著作权的同时，也要遵守法规和其他规章制度，遵守社会公德和传者道德，尊重受传者的权益，承担社会责任。例如，力求信息真实准确、客观公正，不以无聊信息、垃圾内容损害他人。

三、新媒体素养的提升

各级党政干部，尤其是对传媒事业产生直接影响者需要提升新媒体素养。这种提升不仅能使他们更好地利用新媒体，还能使他们积极地支持新媒体发展，科学地开发、利用和管理新媒体。

同时要提升媒介工作者的新媒体素养。他们对大众传媒（包括新媒体）的影响是最直接的。而且其他公众的传媒素养也主要来自传媒的"言传身教"，在正规的传媒素养教育还没有普遍兴起的地方尤为如此。虽然媒介工作者已具备较多的传媒知识，但对传媒的认识仍不足，时代的发展又使大众传播不断出现新情况、新问题，对传媒的认识也要及时更新，与时俱进，而且新媒体对媒介工作者来说也是新事物，也要有一个学习、认识、掌握的过程。不论是新闻采访，还是收集、核实新闻写作和评论的资料，不论是利用新媒体扩大传播效应，还是开发和占领新媒体市场，都需要有相应的新媒体素养。

还要提高其他普通公民的新媒体素养，他们是新媒体的使用主体，是媒介管理者和传媒人的后备军，他们中的许多人还是新媒体的传者，能通过新媒体对他人和社会产生影响。现在许多人对新媒体还不知不会，对他们的辅导更有消除信息鸿沟、优化新媒体环境、提高全社会信息化程度的作用。

尤其要提高青少年的新媒体素养。他们的信息分辨能力、是非判断能力和自我控制能力较弱，新媒体的形式和内容又远比传统媒体新颖、多样和复杂，青少年对新媒体的副作用，对新媒体中良莠不齐的内容缺乏足够的认识和防范。不仅大量中学生染上了"网瘾"而不能自拔，许多大学生还把大量时间用在了网络聊天、游戏和色情内容上，影响了学业和身心健康。

　　除了社会要关心青少年，家庭更要如此。为此，家长需具备一定的新媒体素养。

第十章
全球化与中国传媒业

第一节　全球化对传媒的影响

全球化对传者、内容、媒介和受众都会产生深刻的影响，中国传媒因此也面临很大的挑战。中国加入 WTO 后，进一步融入世界，更需要通过传媒让世界了解中国、让中国走向世界。

一、全球化与大众传媒的关系

全球化指的是当今世界的一种趋势，在这种趋势中，全球范围内的各种社会联系日益广泛和紧密，社会流动性越来越强。

全球化最基本的内容是经济全球化。资源配置和市场营销在全球范围进行，可以大大降低成本，提高效益。随着国际之间的经济壁垒、文化障碍的日益降低和解除，交通和通信日益快捷方便，跨国经营迅速发展起来。世界各地经济也越来越相互依赖和影响，广泛而紧密地联系为一体。

与此相应，科技和教育、文化和社会生活也日益全球化。科技成果迅速传遍全球，科技和教育活动在全球范围内协同进行。经济、科技和教育的跨国交流，人员的跨国往来和通信，文化和社会生活的国际联系和影响也日益增强，呈现同一化和多元化的趋势。

大众传媒也在全球化。跨国传播越来越多，也越来越简便。与其他企业一样，传媒机构也越来越趋于全球化经营。传媒的集中化形成了跨国发展的新条件和新动力。有些国家放宽对传媒业集中化的限制，很大程度上也是着眼于增强本国传媒的竞争力，抵御外来传媒的影响冲击，提高向外扩张能力。网络媒体、手机媒体等新媒体的全球化也越来越明显。

大众传媒的全球化给其他方面的全球化提供了信息交流、文化沟通、国际化经营管理等条件。反过来，其他方面的全球化也给大众传媒的全球化创造了条件。既创造了走向全球必需的国际关系等条件，又创造了对国际性信息的需求，包括跨国公关广告宣传的需求，还创造了受众条件，包括受众的国际性消费需求，以及外语能力、对不同文化的宽容度等。

全球化对大众传媒也产生很大的影响，带来传播的国际化、商业化和传播方式的变化。

1. 国际化

一是传播国际化。跨国传播增多，针对境外的传播有许多新的需要和条件。全球化使政府、企业等都更需要对外宣传，传媒也需要参与境外市场的争夺。新媒体、卫星传播和跨国传媒也使对外传播有了更好的条件。传媒强势国家与传媒弱势国家之间，在信息流通方面出现新的不平等。

二是经营国际化。跨国经营增多，国际竞争与合作加强。传媒人才、技术、经验的国际流动增加。

三是受众国际化。境外受众增多，本地受众更需要境外信息，许多受传者的思想观念、接受偏好也更与国际接轨。

四是传媒内容和形式国际化。国际性、人类性内容增多，其他内容也更带有全球性视角。这与受众国际化密切相关。同时，形式上向境外借鉴也增多，如借鉴国外成功的节目和栏目，报刊图像性、娱乐性增强。

2. 商业化

全球化、国际竞争与商业化相辅相成。作为商品的媒介产品是要以其质量来赢得市场的。传媒机构还会日益重视信誉和品牌。在大量的信息面前，受众需要在如何选择上获得帮助。信誉高的传媒能保证一定质量的品牌，可成为受众的依赖，从而在全球化的传媒竞争中胜出。

然而，商业化运作是以营利为主要目的，在社会效益与经济效益面前，是以后者为首选的，由此便不可避免地会带来许多副作用。

3. 传播方式变化

由于全球化带来新的竞争与合作，带来更多、更广的相互学习与交流机会，带来传播新技术的全球化，传播方式会趋于更快、更新、更奇，还会呈现如下趋势：

（1）直接化。广播电视更多地采用直播的形式，使新闻传播速度更快，同时客观性、真实感更强。过去媒介信息往往通过人际传播，通过"意见领袖"的作用，进行二级传播、多级传播，而随着受众能够方便地直接从媒介获取信息，或者说媒介信息能直接到达受众，这种人际传播也日益减少。

（2）专门化。信息和传播渠道迅速增多，而人们接触传媒的时间则只能很有限地增长；媒介增多，竞争性增强，必然使市场日益细分；这些都使得媒介日益专业化，让人们选择更方便，个性化需求更能得到满足。卫星电视、数码电视使受众能看到的电视频道数量大大增多，新闻、经济、体育、音乐、科教、旅游、影视剧等专门频道也大量出现。杂志、广播也有类似情形。报刊的厚报分叠化与电视的一台多频道异曲同工。

（3）娱乐化。不仅游戏、体育、音乐、影视剧等娱乐性内容增多，连新闻也娱乐化，如娱乐新闻增多，其他新闻也常常带有娱乐性，如犯罪新闻的报道绘声绘色、惊险刺激，犹如小说和电视剧。传媒的娱乐化是与商业化相对应的，效果当然既有满足受众的一面，又有消解严谨和深刻的一面。

（4）图像化。与文字相比，图像能大大减少理解上的障碍，因而更容易走向全球。电脑化、网络化、数字化传播又使图像传播如虎添翼。跨国媒介大多是图像传播的高手，中国的对外传播也越来越多地使用图像。

全球化带来的上述影响反映在传播的各个环节，尤其表现在传播的机构、内容、渠道和受众方面。

二、全球化对传媒机构的影响

全球化广泛深入地影响着传媒机构，改变着它们的宏观环境和微观环境，给它们带来了新的机遇和挑战。

1. 新的发展机会

全球化使传媒资源更多、选择更多、需求更多、渠道更多、国际合作和拓展机会更多，同时成本更低、效率更高、盈利机会更多。

在全球化的过程中，国际市场壁垒逐步降低和解除，技术、经验和人才的交流障碍逐步瓦解，物流、人流、资金流、信息流的便利性和流通速度日益提升。这些都使传媒能获得更多的资金、原料（包括传媒内容）、人才、信息、合作对象等，获取的成本更低、效率更高，选择机会更多且更广。

全球化使世界各地的信息需求大大增加，尤其是对异地的信息，并使许多潜在需求转化为有效需求——获取的渠道多了，获取的成本降低了，需求满足的可能性越来越高。经济全球化又使有关企业需要通过传媒在世界各地做广告。

传媒的销售和传播（包括宣传、广告等）渠道也更多。可通过全球化的受惠者和推动者，通过跨国机构在世界各地的分支或各地的合作伙伴得以实现。

传媒机构也和其他企业一样，越来越容易进行全球性化经营。选择成本较低的地方进行生产，比如美国电影在加拿大拍摄，日本动画片在中国制作。同时由于传媒的复制成本很低，销售范围扩大后，即使创制成本很高，也能获利。这又给一些"大制作"带来了机会，比如美国有线新闻电视网以很大的代价从世界各地采制新闻，汇集起来后又销往世界各地。

2. 新的竞争挑战

在传媒获得更多资源的同时，进入市场的门槛也会降低；传播渠道丰富的同时，经营同一种媒体者也会更多，而且也会对其他媒体带来更多的影响和冲击。世界各地的市场日益成为国际市场的一部分，来自境外的竞争者也会更多。这些都使传媒市场的竞争性增强。

竞争使传媒更关注受众和传播效果，精益求精，不断创新，努力提高专业水准。形式主义、官僚主义严重的国有、公共传媒也不得不有所改变。

此外，激烈的商业性竞争又会使传媒过于迎合市场，而较少关注社会的精英文化、长远利益和贫穷人群，甚至会以低俗和炒作谋生。

3. 集团化和跨行业、跨地区发展

传媒竞争的加剧又使传媒机构进一步整合，以获得更大范围的规模化、更大程度的集约化。西方国家感受全球化的影响较早，从 20 世纪 80 年代起就出现传媒企业合并大风潮，尤其令人瞩目的是一些"巨无霸"之间的合并。

这种合并合作也形成了跨行业、跨地区发展的新能力和新动力，推动了印刷、电子、网络媒体的一体化，以及各地传媒的全球联网。有些国家还为此放松了对传媒业垄断的限制。1996年美国新通过的《电信法》被认为是"打开了传媒业联合的潘多拉盒子"，同时也打开了其他国家对传媒业放松反垄断的潘多拉盒子。

三、全球化对传播内容、渠道和受众的影响

1. 内容

1）国际性、人类性内容更多，其他内容也更有全球视角

全球化使国外的、国际性的、有人类意义的信息与人们的关联度提高，使人们身边的信息与世界其他地方的关联度提高，又使人们需要更多的反映、揭示这种关联的解读性质的内容。这与人们的视野扩大和分析能力提高相关。传媒又通过深度报道和评论，揭示了这种全球联系，也培养了受众的国际化观察和思考能力。

2）更真实、全面、客观、公正和及时

这样的传播内容更能跨越国境，更符合许多传播者（广告主）的需要，这类传媒在商业性、国际性竞争中更能胜出。与此同时，信息源和传播渠道的增多，也使人们能得到更加真实、全面的信息，形成更加客观、公正的认识。

然而，这种影响的力度，与传播者为了特定利益而进行人为控制的影响力相比，还是较弱的。传媒过度集中在少数人手里，也会带来故意不全面、不客观、不公正，甚至不真实的负面影响。一些传媒巨头能更方便地控制信息，炒作新闻，为了自身利益而不顾公众的知晓权。

然而总体来看，对这些消极影响是可以得到控制的，那些积极的变化会带来更深层次的影响，也会更加持久长远。

3）商业化对内容的影响

商业化使传媒内容更贴近受众的需求，以获得较多人的关注，带来较多的销售和广告。过强的商业性竞争又会排挤精英思想和文化，忽视社会的根本性进步、人民的长远性利益——在许多时候，这样的内容只能得到

少数人的关注，且其中许多人的购买力还很有限。许多传媒还会忽略贫困人群和农村地区受众，这部分受众购买力低，居住分散，广告商对此兴趣不大。有些传媒还会不分通俗和庸俗，传播落后愚昧和低级趣味内容，甚至制造轰动性的虚假新闻。

2. 渠道

从传播渠道看，新媒体和传统媒体在竞争中形成新的格局。全球化使传播的规模扩大，传媒机构实力增强，需要采用新技术、新媒体。传统媒体和地方性媒介也在新媒体和国际性媒介的竞争下，不断调整自己，通过充分发挥自己的特长，以赢得相对优势。如报纸加强深度报道和评论，地方性媒介加强本地新闻。

传媒日益重视信誉和品牌。在大量的信息面前，受众需要在选择上获得帮助。信誉高的传媒，能保证一定的内容质量，值得受众信赖。

3. 受众

客体会塑造主体，环境会改变人，全球化的环境，传播内容和渠道的变化，都使受众具有全球化时代的特征。

1）素质方面

受众的视野、胸襟开阔，片面性减少，理性程度提高，独立思考能力增强。

在全球化时代，受众可经常接触来自世界各地的信息、商品、人物、文艺作品等，从而具有开阔的眼界，不至于少见多怪，思维封闭，也能有宽广的胸襟，包容不同的文化、习性和爱好。

丰富多样的信息渠道让人们能够得到比较充分、全面的信息和观点，对各种事物的认识和思考能够比较客观和全面。这给理性和公正也创造了条件。

2）需求方面

受众兴趣广泛，对国外信息的需求增加，对媒介质量的要求提高。全球化使各个国家和地区的联系日益紧密，异国的信息、文化、生活方式等越来越令人需要或感兴趣。受众的品位提高了，传媒素养也提高了，自然就需要传媒提供更优质的服务。

3）媒介行为方面

全球化时代信息来源众多，获取方便，选择余地大，受众在传播过程中的独立性、自主性也相应增强。有的报纸虽经强制性征订有一定的发行量，但并不能获得相应的受众。而吸引力强的媒介则更容易吸引受众。同时，受众利用、参与传媒的机会增多，能力增强，向传媒做出的反馈也更多。此外，受众也会更习惯于接受轻松的、娱乐化的传播内容和方式，而使得严肃和深刻内容的传播更为困难。

受众的这些特点都对传媒提出了新的要求。传媒要有更广的内容，更强的信息采集能力，同时要更加真实、全面、客观、公正和迅速，通过媒介进行的宣传教育要有更高的艺术性，彻底从灌输转向服务。反过来看，受众的这些特点也给传媒业带来了新的机会，不仅提供了更多的市场需求，还促使传媒提高专业水准和服务水平。

全球化对受众也提出了新的要求。在有些还比较陌生的媒介面前要做出明智的选择，需要具有比以往更多的传媒知识和分辨能力。商业化竞争催生出大量的、具有很强吸引力的媒介内容，要不受蛊惑，不被诱惑，这都需要有更大的"定力"——比以往更强的抵御能力。此外，媒介环境的改善，传媒事业的发展进步，利用商业性的积极影响去除其消极作用，还需要得到受众的支持。总之，受众要有更高的传媒素养。

第二节　全球化对中国传媒的影响

中国的传媒与世界其他地方的传媒有一定的共性，都具有大众传播媒介的基本特点和功能，都受到大众传媒基本规律的影响和制约，都处于全球化、信息化、高科技化的时代环境中。中国的传媒又有自身的特点，包括长处和短处、优势和劣势、条件和问题，这些个性表现对中国传媒会产生许多特殊影响。

一、促进传媒体制改革和法制建设

在中国即将加入 WTO 的时候，全球化的影响大大增强，这方面的研究和行动也迅速展开。2000 年初，上海新闻学会召开专门会议，讨论中国加入 WTO 对新闻传播业的影响，随即在会刊《上海新闻界》6 月号上刊登了《"入世"对新闻出版业的影响和对策》等一组文章。当年 7 月《新闻记者》刊出《入世——挑战与机遇并存》一文，立即被中国人大书报资料中心《新闻与传播学》双月刊全文转载。2001年国家社会科学基金研究课题中，"加入WTO对我国新闻传播业的影响与对策研究"被列为新闻与传播学重点课题之首。此后，研究当代中国新闻事业改革和发展的专家、学者孙旭培、童兵、丁伯铨等，分别发表了文章和专著。

为了把握机遇，迎接挑战，中国新闻业正在进行的产业化探索、集团化试点也加快步伐，全面展开。报刊与行政机构脱离，市场化、产业化程度提高。广播电视逐步推行政府管理机构与传媒实体分离，新闻和政治宣传以外的节目制作与播出机构分离，新闻、宣传活动与经营活动分离。做大做强是中国传媒业应对"入世"的主要措施之一，中国的报业和广播电视集团在1996—2000年发展了16家，在2002年达44家。

加入WTO后，国内的各个行业必须按照世贸组织协定做出规范化改变，各种规范还必须公开化、透明化。中国传媒业也重新整理、修改和制定了一系列相关法规和政策规章，并逐步走向公开化、透明化。

二、改变宣传模式，提高专业水平

过去中国传媒往往忽视新闻价值，仅把新闻作为"说话"的工具，并按宣传需要采取不予报道、推迟报道、内外有别报道等做法。在传媒竞争激烈，受众信息选择权很大的全球化时代，媒介如果还是从自我出发，不能很好地满足受众的需求，则将日益被受众抛弃。

宣传需要应当满足，宣传纪律应当执行，这些都是毫无疑问的。问题是，如果不顾受众的需要，自说自话，不但达不到宣传的目的，满足不了宣传的需要，还会降低媒介的吸引力和竞争力，被市场、受众边缘化。而要满足受众的需要，就要提高专业水平，使媒介内容尽可能真实、全面、客观、公正，并提供信息管家、咨询顾问式的服务；健全职业规范，提高专业教育水平。这也将成为中国传媒应对国际竞争的必然选择。

三、借鉴现代企业制度，提高经营管理水平

中国传媒虽然从1978年起就探索实行企业化管理，但事业单位的性质

仍占主导地位。产权不明，责、权、利分离，用人重关系、轻能力，分配吃大锅饭等现象仍到处存在。全球化提供了更充分地借鉴现代企业制度的压力和条件。

现在传媒人士的经营管理意识和水平有了很大提高。有关领导和经营管理人员以前缺乏这方面的专业知识，现在不断加强这方面的学习和探索。大学办起了传媒经营管理本科和研究生专业，还开设了传媒高级管理硕士班（传媒 EMBA 班）。资本运作、战略管理、整合营销、打造核心竞争力等也成了传媒业的热门话题。有的传媒机构还通过了 ISO9001：2000 认证。

全球化对中国传媒业也有不利影响，最严重的是夺走部分受众。中国改革开放的时间还不是很长，而传媒领域的改革开放更是有限，这方面的国际市场竞争力很弱。有些传媒机构虽已规模较大、效益较高，但都与地区和行业垄断、信息获取优先、税收返回等行政保护和政策优惠有很大关系。随着卫星电视、因特网、微小型天线和即时印刷制作设备等传播工具的发展，中国加入世贸组织后的竞争公平化和国际化，中国传媒能享有的行政保护和市场垄断将逐渐减少和失效。

第三节　积极改进，全面发展

在经济全球化和中国加入 WTO 的背景下，中国经济有很大的调整，社会有新的转型，境外信息大量涌入，这些都使传媒有大量新的信息传递和宣传教育任务。同时传媒业还面临日益普遍的国际竞争，给中国经济界的"走出去"提供支持，也为自身发展拓展新的空间。

加拿大曾对本国杂志的发行给予邮政补贴，并立法规定不允许在加拿大发行外国的"分裂杂志"。这些措施和规定都被判为违规而被迫取消。中国作为世贸组织的新成员方，可以对传媒业实行一定的保护，但保护的时间是有限的，从长远来看，全球化和传播技术的发展不可阻挡，迟早会在中国释放其影响力。要在传媒业的国际化竞争中赢得主动，最后只能靠自己的实力。因此根本的对策是抓紧有限的时间，全面提高中国传媒的水平。

一、改变观念和方法

1. 建立新的全球观念和方法

以全球意识和眼光，来寻找、审视、开发传播内容；以容易为全球受众所接受的方式，把传播内容送向全球；以全球竞争的要求提高媒介质量和声誉，提高传媒机构的优化程度和竞争能力。

2. 建立新的受众观念和方法

中国的媒介产品也已从稀缺转向过剩。但过剩永远只是相对的，是受众不需要的媒介产品相对过剩，让位给对受众吸引力更大的媒介。只有尊重受众的主体地位，把受众作为传播活动的出发点和归宿点，而不只是教育、管理、影响对象，才能最终获得受众的认可和接受。

3. 建立新的传者观念和方法

中国传媒不是单纯的宣传者，而是传播者，宣传是传播的目的之一，且只有通过有效的传播才能达到。传播者必须是高水平的信息收集者、整理者、分析者、传送者、导航者。在全球化时代，更需要按传播规律办事，重视信息质量、接受心理、传播效果；按照新闻规律办事，重视新闻价值、新闻的真实全面客观公正、必读性（把视、听也作为读解）和可读性等。为此，也就更需要相信和依靠专业人员、专业精神，全面提高传播质量和媒体机构声誉。

二、采取改进措施

全球化对中国传媒体制改革、法制健全，产业化、集团化发展，提高传播专业水平和经营管理水平具有积极影响，可以作为提高中国传媒水平的重要着力点，自觉把握，顺势而为，乘风而上。

还需实施各方面的优化，全面提高传媒产品和传媒机构的竞争力，可采取以下措施：

1. 办好网络媒体

网络市场"只有第一，没有第二"或"只有第一、勉强支撑第二、没有第三"。传媒业要形成合力，办出强大的、有足够的市场竞争力的传媒网站，牢牢占领网上的传媒阵地，其他较小的网站须办出自己的特色，在某个独特的领域成为第一。

传统媒体机构所办的网站有政策支持和信息、信誉、权威性等优势，然而效果并不如人意。需要加强对网络传播的体制机制和盈利方式的总结、探索、创新，使网站具有较强的辐射能力和"自我造血"能力。

对境外的网民，尤其是对西方的受众，商业性网站因其非官方性，而具有特殊的吸引和影响力，可成为对外宣传和交流的重要一翼。可以对思想进步、吸引力强的非"官方"网站也予以扶持，以扩大对外传播。

内容方面，商业性网站一般是市场需要什么就给什么，与现有的传统媒介差异较大，因而对网民较容易有吸引力。而传统媒体机构所办的网站要以社会效益为主，不能以市场为导向，并要承担许多宣传教育任务，与现有的传统媒介差异较小。因此，网站如何把宣传教育与网民的需求结合起来，既保持自己的优势，又吸收商业性网站的长处，成了摆在我们面前的紧迫课题，也是网站提高国际竞争力的关键。

2. 更多地调动社会力量办传媒

目前中国的传媒业尚属于垄断性行业。随着传媒法制和市场管理的健全，吸纳业外资金的范围和方式可逐步扩大，还可更多地由社会力量给传媒机构提供内容。这方面的突破至少可带来三个好处：一是扩大传媒业资源，增强中国传媒业的总体实力；二是提高竞争性，在一定程度上破除垄断的弊病，发挥竞争的积极作用；三是健全传媒业的法制，优化体制。

3. 以国际竞争的要求提高从业者的素质

在人才选拔和培养中，要有国际化竞争的眼光和要求。有关人才不仅要有外语、计算机等能力，还要有开阔的眼光，全球化的思维，使传播内容能吸引境外媒介和受众。

要改变论资排辈、偏于求稳、长期考验等观念和做法，建立有利于人才脱颖而出和施展才能的选任、考核、竞争、淘汰机制。对于重要的、急需的人才，可重金公开招聘。

最重要的是提高领导干部素质。目前许多领导者的国际化眼光和能力不足。为此，一方面要提高他们的思想政治素质、驾驭全局的能力和领导经营管理的能力，另一方面要加快领导层后备力量的选拔和培养。

新的竞争环境要求加强复合型人才的培养。他们要有较高的政治思想素质和开拓创新精神，掌握现代经济知识、科技知识、新闻传播理论和业务知识，能运用多种媒体工具，能提高和创造传媒品牌的知名度和美誉度，提高传媒的各种市场收入和非市场收入，甚至能进行传媒的国际营销。

第四节　应对国际竞争，开展国际营销

加入世贸组织后，中国要做出许多的让步，同时又有许多进入国际市场的新机会。让步是实实在在、无可更改的，机会则看能否很好地把握利用。如果能，那么就能与世贸组织成员方实现双赢。如果不能，那么损失也是实实在在的，而且是巨大的。

我们知道，国家的形象，企业和产品的形象，对中国走进国际市场是十分重要的。而在这方面，传媒也有重大责任。

与此同时，企业比以往更需要了解世界、走向世界，又能给传媒开拓国际市场提供新的市场需求、广告源和政策支持。

与国际性强势媒体机构相比，中国传媒的经济实力和市场经验都很有限。从媒体业务收入来看，中国 2003 年 85 家传媒集团的总收入，仅相当于默多克的新闻集团一家的年收入。

然而毕竟中国传媒已有一定的竞争力基础，同时又有一定的竞争优势，如关于中国的信息，汉语语言文字水平。对国外的资金、技术和经验、传播渠道，也可通过各种合作方式加以利用。关键要知己知彼，采取恰当的战略策略。

一、传统方法的效果趋弱

中国在对外传播方面的投入并不少，但效果仍有限。目前中国的对外传播，主要是采取免费的方法，不论是向传播对象直接赠送报刊、光盘、广播电视节目，还是通过与境外传媒机构交换内容。也有少量的是通过销售实现，但这并不是主要的传送方法和经济来源，因而没有多少积极有效的市场行为。

市场行为在一定程度上是必要的，然而同时也要看到，这种方式不仅耗费大，而且往往效果并不理想。

从受众看，在大众媒介还不太多、获取媒介的代价（费用＋时间＋精力）还比较高的时候，有些宣传品也能得到较多的关注，而在传媒技术和市场高度发展的今天，大众媒介急剧增多、受众的选择余地迅速扩大，媒介竞争空前激烈、获取大众媒介的代价相当低廉，作为宣传品的媒介就更难获得受众了。

从传者看，由于缺乏经济和市场压力，往往会不顾受众的需求，"自说自话"，媒介内容和形式都缺乏吸引力和影响力。受众方面，境外受众往往把这样的媒介看作宣传品，心存疑虑和戒备。

从竞争看，有些传媒也希望通过市场到达境外受众，但境外的传媒企业基本是根据市场情况，采取相应战略和策略，尽力占领市场，以求最大限度地实现传播效益——不论是社会效应还是经济效益，而中国的体制和机制还是老样子，缺乏有效的市场运作，在境外市场上处处被动挨打，经济上血本无归，社会效益也相对缺乏。

二、以市场化运作扩大传播

如前所述，在全球化时代，大众传播只有采用商业化的方式才比较容易走向国际。在现代市场中，这种方式就是利用传播媒介的商品性和传媒机构的企业性进行市场化运作，包括利用市场上的资源和开展市场营销。媒介的国际营销具体就是根据国外市场情况——包括媒介市场上的需求、消费特点、接受心理、竞争对手等，选准目标市场，确定和实施媒介的营销战略——如强势战略、渗透战略、合作战略、品牌战略等，确定和实施传媒的产品、价格、销售、促销等策略。只有在市场上站住脚跟，才能获得较多的有效传播，并从市场上获得经济回报，更好地提高传播效果。

境外媒介在中国也是如此。作为美国政府对外宣传机器的"美国之音"，以其巨资投入、多处设点、强大的发射功率，过去在中国大陆也有不少听众。而现在，我们已能方便地从多种渠道获得许多过去难以得到的信息，因此听"美国之音"的人少了。与此同时，市场化运作的美国有线电视新闻网，在中国大陆的传播则很快发展起来，现在不仅在许多三星级以上的宾馆都能看到，还有不少报道进了中国电视台的国际新闻等节目。

由于对外传播的特殊性，采用市场运作方法时需注意以下问题：

（1）有关机构和人员要有经济压力和动力。对外传播一般由主办主管部门给予经济支持，但往往也使有关传媒机构和人员缺乏经济压力和动力，缺乏千方百计寻找和满足受众需求、提高媒介吸引力和市场占有率、提高资源利用率和工作效率的积极性。西方公共电视台的由盛而衰也可以提供这方面的启示。在体制和管理上，对外传播也需效法现代企业，责、权、利紧密结合。

（2）许多境外受众，尤其是西方受众，对宣传味较抵触，更不乐意接收官方的宣传，而习惯于接收没有明显倾向性的大众媒介内容。因此，对外传播要淡化官方色彩，减少宣传腔调，增加服务意味，尽可能真实、全面、客观、公正，以打开受众的心理防线，争取成为受众值得信赖的信息源。

（3）在产品策略上，要充分利用自身有利条件。现在中国经济发展快，对外开放程度高，市场前景广阔，生产成本低，旅游资源丰富，境外人士在中国有很多发展机会，对中国有很大兴趣，要学习汉语的人也越来越多。中国媒介要打中国牌，把中国信息、中国内容做大做细、做深做透，做出高质量和高水平，符合境外受众的接受心理。同时也要提高新闻的接近性，满足他们的实际需求。

（4）在资源上，既要利用自己的潜力，也要利用国际合作机会，借助合作方的人才、经验、产品、销售渠道等条件。

（5）评估和改进对外传播时，不能只看传了什么，传了多少，更重要的是看效果，看对谁、对多少人有效以及有效的程度如何。对外传播的效果评估比较困难，因此更有必要采用客观化的调查研究，包括实地考察、抽样调查等。这不仅有助于评估的科学性和准确性，还能及时发现市场的新需求和传媒的新问题，采取更有效的改进措施。

三、国内市场上的国际竞争

传媒的国际竞争也将越来越多地在国内展开。由于境外传媒机构在中国人生地不熟，在本地信息资源、内容的时效性和接近性、中国语言文字水平、对受众的了解熟悉等方面，都不能与本土传媒相比。中国本土传媒必须真正按新闻规律、传播规律、经济规律办事，利用好这些竞争优势。否则不仅优势会流失，而且经济实力不强、经营管理水平不高、市场经验不足等劣势又会扩大。

参 考 文 献

［1］崔保国. 2019 中国传媒产业发展报告［M］. 北京：社会科学文献出版社，2019.

［2］胡惠林. 中国文化产业发展指数报告［M］. 上海：上海人民出版社，2012.

［3］匡文波. 新媒体理论与技术［M］. 北京：中国人民大学出版社，2014.

［4］陆学艺. 发展社会学［M］. 北京：中国社会科学出版社，2010.

［5］栾轶玫. 融媒体传播［M］. 北京：中国金融出版社，2014.

［6］牛静. 全球媒体伦理规范译评［M］. 北京：社会科学文献出版社，2018.

［7］彭兰. 社会化媒体：理论与实践解析［M］. 北京：中国人民大学出版社，2015.

［8］人民网研究院. 2014 中国媒体移动传播指数报告［R］. 北京：人民网，2015.

［9］唐绪军. 新媒体蓝皮书：中国新媒体发展报告［M］. 北京：社会科学文献出版社，2019.

［10］魏永征，张鸿霞. 大众传播法学［M］. 北京：法律出版社，2007.

［11］谢金文. 海湾战争与美国新闻媒介的倾向性［J］. 国际新闻界，1997（6）：32-36.

［12］谢金文. 新闻学导论［M］. 北京：清华大学出版社，2014.

［13］新华社新媒体中心. 中国新兴媒体融合发展报告 2013—2014［M］. 北京：新华出版社，2014.

［14］于立宏，孔令丞. 产业经济学［M］. 北京：北京大学出版社，2017.

［15］中国互联网络信息中心（CNNIC）. 第 44 次中国互联网络发展状况统计报告［R］. 北京：中国互联网络信息中心，2019.

［16］中国记协. 中国新闻事业发展报告［M］. 北京：外文出版社，2015.

［17］周叔莲. 中国企业集团研究［M］. 济南：济南出版社，1996.

［18］Ellis G. Trust Ownership and the Future of News［M］. New York：Palgrave Macmillan，2014.

［19］Flew T. New Media：An Introduction［M］. Oxford，UK：Oxford University Press，2014.

［20］Jensen K B. Media Convergence：The Three Degrees of Network，Mass and Interpersonal Communication［M］. London：Routledge Press，2010.

［21］Kalyango Jr. Y，Mould D H. Global Journalism Practice and New Media Performanc［M］. New York：Palgrave Macmillan，2014.

［22］Meikle G，Young S. Media Convergence：Networked Digital Media in Everyday Life

[M]. New York：Palgrave Macmillan Press，2012.

[23] Otto K，Kohler A. Trust in Media and Journalism：Empirical Perspectives on Ethics，Norms，Impacts and Populism in Europe［M］. Wlesbaden，Germany：Springer VS，2018.